品牌建设与管理经典译丛

The Classic Translated Series of Brand Building and Management

—— 总主编　杨世伟 ——

建设优质品牌

品牌战略与标识发展的
全面指南

A COMPREHENSIVE GUIDE TO BRAND STRATEGY AND
IDENTITY DEVELOPMENT

BUILDING
BETTER BRANDS

［美］斯科特·勒曼（Scott Lerman）◎著　梁树广◎译

经济管理出版社
ECONOMY & MANAGEMENT PUBLISHING HOUSE

北京市版权局著作权合同登记：图字：01-2017-3711

图书在版编目（CIP）数据

建设优质品牌——品牌战略与标识发展的全面指南/(美) 斯科特·勒曼（Scott Lerman）著；梁树广译. —北京：经济管理出版社，2017.11
（品牌建设与管理经典译丛）
ISBN 978-7-5096-5217-6

Ⅰ. ①建⋯ Ⅱ. ①斯⋯ ②梁⋯ Ⅲ. ①品牌战略—研究 ②商标设计—研究
Ⅳ. ①F272.3 ②F760.5

中国版本图书馆 CIP 数据核字（2017）第 156111 号

组稿编辑：梁植睿
责任编辑：梁植睿
责任印制：黄章平
责任校对：张晓燕

出版发行：经济管理出版社
　　　　　（北京市海淀区北蜂窝 8 号中雅大厦 A 座 11 层 100038）
网　　址：www. E-mp. com. cn
电　　话：(010) 51915602
印　　刷：精美彩色印刷有限公司
经　　销：新华书店
开　　本：710mm×1000mm/16
印　　张：13.75
字　　数：194 千字
版　　次：2017 年 11 月第 1 版　　2017 年 11 月第 1 次印刷
书　　号：ISBN 978-7-5096-5217-6
定　　价：68.00 元

序 言

PREFACE

2014 年 5 月，习近平总书记在河南视察时提出，要推动"中国制造向中国创造转变、中国速度向中国质量转变、中国产品向中国品牌转变"。习总书记"三个转变"的精辟论述将品牌建设提高到了新的战略高度，尤其是在国际经济环境不确定和当前中国经济发展多起叠加背景下，意义更是十分重大，为中国品牌建设指明了方向。

2016 年 6 月，国务院办公厅发布的《关于发挥品牌引领作用推动供需结构升级的意见》（国办发〔2016〕44 号）明确提出：按照党中央、国务院关于推进供给侧结构性改革的总体要求，积极探索有效路径和方法，更好发挥品牌引领作用，加快推动供给结构优化升级，适应引领需求结构优化升级，为经济发展提供持续动力。以发挥品牌引领作用为切入点，充分发挥市场决定性作用、企业主体作用、政府推动作用和社会参与作用，围绕优化政策法规环境、提高企业综合竞争力、营造良好社会氛围，大力实施品牌基础建设工程、供给结构升级工程、需求结构升级工程，增品种、提品质、创品牌，提高供给体系的质量和效率，满足居民消费升级需求，扩大国内消费需求，引导境外消费回流，推动供给总量、供给结构更好地适应需求总量、需求结构的发展变化。

2017 年 3 月，李克强总理在 2017 年政府工作报告中明确提出，广泛开展质量提升行动，加强全面质量管理，健全优胜劣汰质量竞争机制。质量之魂，存于匠心。要大力弘扬工匠精神，厚植工匠文化，恪尽职业操守，崇尚精益求精，培育众多"中国工匠"，打造更多享誉世界的"中国品牌"，推动中国经济发展进入质量时代。

改革开放以来，中国在品牌建设实践中积累了丰富的成功经验，也经历过沉痛的失败教训。

中国企业从 20 世纪 80 年代中期开始了品牌建设的实践。1984 年 11 月，双星集团（前身是青岛橡胶九厂）时任党委书记汪海举行了新闻发布会，这成为国有企业中第一个以企业的名义召开的新闻发布会，集团给到会记者每人发了一双高档旅游鞋和几十元红包，这在当时是前所未有的。此事件之后，"双星"品牌红遍全国。1985 年 12 月，海尔集团的前身——青岛冰箱总厂的张瑞敏"砸冰箱"事件，标志着中国企业开始自觉树立品牌的质量意识。从那时起，海尔坚持通过品牌建设实现了全球的本土化生产。据世界权威市场调查机构欧睿国际（Euromonitor）发布的 2014 年全球大型家用电器调查数据显示，海尔大型家用电器品牌零售量占全球市场的 10.2%，位居全球第一，这是海尔大型家电零售量第六次蝉联全球第一，占比更首次突破两位数。同时，海尔冰箱、洗衣机、冷柜、酒柜的全球品牌份额也分别继续蝉联全球第一。

改革开放以来，我们在品牌建设过程中也经历过沉痛的失败教训。早在 20 世纪 80 年代，在利益的驱动下，政府颁发奖项名目繁多，十年评出 6000 多个国家金奖、银奖和省优部优，这种无序的系列评选活动被国家强制叫停。国家层面的评奖没有了，社会上"卖金牌"的评审机构如雨后春笋，达到 2000 多个，这严重误导了消费，扰乱了市场秩序。21 世纪初国务院批准评选中国名牌和世界名牌，直到 2008 年"三鹿奶粉"恶性质量案件的披露，导致评选中国名牌和世界名牌的工作瞬间叫停。

正如中国品牌建设促进会理事长刘平均在 2017 年"两会"采访时所说，

由于缺乏品牌的正能量引导，消费者变得无所适从，再加上假冒伪劣问题屡见报章，消费者逐渐对国产品牌失去信任，出现了热衷于消费海外产品的现象。打造和培育知名品牌，引领产业升级和供给侧改革，是当务之急。要尽快建立健全我国国内知名品牌和国际知名品牌的产生机制，把李克强总理所说的"打造享誉世界的中国品牌"落到实处。

2011 年，《国民经济和社会发展第十二个五年规划纲要》提出了"推动自主品牌建设，提升品牌价值和效应，加快发展拥有国际知名品牌和国际竞争力的大型企业"的要求。为贯彻落实这个规划精神，工信部、国资委、商务部、农业部、国家质检总局、工商总局等部门非常重视，分别从不同的角度发布了一系列品牌建设的指导意见。工信部等七部委于 2011 年 7 月联合发布了《关于加快我国工业企业品牌建设的指导意见》，为工业企业品牌建设引领了方向并提供了政策支撑。国家质检总局于 2011 年 8 月发布了《关于加强品牌建设的指导意见》，明确了加强品牌建设的指导思想和基本原则、重点领域、主要措施和组织实施。国务院国有资产监督管理委员会于 2011 年 9 月发布了《关于开展委管协会品牌建设工作的指导意见》，为委管协会品牌建设工作明确了方向。这一系列相关政策的发布，在政策层面上为中国品牌建设给予了保障，为全面加强中国品牌建设、实施品牌强国战略、加快培育一批拥有知识产权和质量竞争力的知名品牌明确了原则和方向。

进入 21 世纪后，尽管中国品牌工作推进缓慢，但中国企业在品牌建设上做了诸多尝试。以联想集团收购 IBM-PC 品牌、吉利汽车集团收购沃尔沃品牌为标志，开始了中国企业收购国外品牌的过程。这说明中国的经济实力在增强，中国的企业在壮大，也说明了中国的品牌实力在增强，实现了从无到有和从小到大的转变。

品牌是企业生存和发展的灵魂，品牌建设是一个企业长期积淀、文化积累和品质提升的过程，一个成功的品牌需要经历品牌建设和管理，品牌建设包括品牌定位、品牌规划、品牌形象、品牌扩张等。中国的品牌崛起之路也不会一蹴而就，需要经历一个培育、发展、成长、成熟的过程。

在世界品牌实验室（World Brand Lab）发布的2016年"世界品牌500强"排行榜中，美国占据227席，仍然是当之无愧的品牌强国，继续保持明显领先优势；英国、法国均以41个品牌入选，并列第二；日本、中国、德国、瑞士和意大利分别有37个、36个、26个、19个和17个品牌入选，位列第三阵营。从表1中可以看出，美国在2016年"世界品牌500强"中占据了近45.4%，中国只占7.2%，而中国制造业增加值在世界占比达到20%以上，由此可以看出，中国还是一个品牌弱国，中国在品牌建设与管理的道路上还有很长的路要走，有大量的工作要做。但是从2013~2016年的增长来看，中国品牌入选排行榜数量的增长趋势是最快的，从25个升至36个，而其他国家则基本微弱增长或减少。

表1 2013~2016年"世界品牌500强"入选数量最多的国家

排名	国家	入选数量（个）				代表性品牌	趋势
		2016年	2015年	2014年	2013年		
1	美国	227	228	227	232	谷歌、苹果、亚马逊、通用汽车、微软	降
2	英国	41	44	42	39	联合利华、汇丰、汤森路透、沃达丰	升
3	法国	41	42	44	47	路易威登、香奈儿、迪奥、雷诺、轩尼诗	降
4	日本	37	37	39	41	丰田、佳能、本田、索尼、松下、花王	降
5	中国	36	31	29	25	国家电网、工行、腾讯、中央电视台、海尔	升
6	德国	26	25	23	23	梅赛德斯-奔驰、宝马、思爱普、大众	升
7	瑞士	19	22	21	21	雀巢、劳力士、瑞信、阿第克	降
8	意大利	17	17	18	18	菲亚特、古琦、电通、法拉利、普拉达	降
9	荷兰	8	8	8	9	壳牌、飞利浦、喜力、TNT、毕马威	降
10	瑞典	7	7	7	7	宜家、H&M、诺贝尔奖、伊莱克斯	平

为了实现党中央、国务院关于推进供给侧结构性改革提出的总体要求，发挥品牌引领作用推动供需结构升级，着力解决制约品牌发展和供需结构升级的突出问题。必须加快政府职能转变，创新管理和服务方式。完善标准体系，提高计量能力、检验检测能力、认证认可服务能力、质量控制和技术评

价能力，不断夯实质量技术基础。企业加大品牌建设投入，增强自主创新能力，追求卓越质量，不断丰富产品品种，提升产品品质，建立品牌管理体系，提高品牌培育能力。加强人才队伍建设，发挥企业家领军作用，培养引进品牌管理专业人才，造就一大批技艺精湛、技术高超的技能人才，切实提高企业综合竞争力。坚持正确舆论导向，关注自主品牌成长，讲好中国品牌故事。

中国品牌建设促进会确定了未来十年要打造 120 个农产品的国际知名品牌，500 个制造业的国际知名品牌，200 个服务业国际知名品牌的目标。加强品牌管理和品牌建设将成为推进供给侧结构性改革的总体要求下经济发展的重要举措。

为了推进中国品牌建设和品牌管理工作，借鉴发达国家的品牌管理理论研究和品牌管理实践，中国企业管理研究会品牌专业委员会组织国内专家学者翻译一系列品牌建设和品牌管理相关著作，愿本套丛书的出版能为中国的品牌建设和品牌管理提供有价值的思想、理念和方法。翻译是一项繁重的工作，在此对参与翻译的专家学者表示感谢，但囿于水平、能力，加之时间紧迫，如有不足之处，希望国内外专家学者批评指正。

丛书总主编　杨世伟

2017 年 3 月 15 日

建设优质品牌

品牌战略与标识发展的全面指南

斯科特·勒曼

献　词

献给苏珊

谁是品牌冠军？品牌权益的保护者和推动品牌竞争性变化的人是谁？为了履行品牌承诺，谁能领导整个组织？就是你。

给予你正确的知识、工具，帮助确保品牌有一个美好的未来。赶快阅读这本书吧。

目　录

导　论

　　每个组织、每个品牌都必须成长。尽管一些组织在成立之初，只生产一种产品或只提供一种服务，但是，大多数公司会迅速扩大规模，越来越复杂，且远远超过产品、服务和地理市场的复杂性。随着时间的推移，成立之初的企业有可能被收购，领导会发生变化，社会力量也会推动它改变。这会引发我们对"我们是谁"和"我们如何行动"等基本问题的思考。

　　这是品牌熵的力量，从腐朽的秩序发展到混乱状态，品牌随机行为会下降。随着公司的成长，公司的员工、领导和部门逐渐形成关于公司及其品牌的核心目的和特征的不同观点。其结果是效率低下，漏洞被竞争者利用，公司的努力在根本上错位。随着公司的发展，即使是做得比较好的（尤其是最好的）公司也开始逐渐瓦解。这是增长的一个自然产物。

　　那么，你以什么方式引导一个品牌回归到其成立之初的清晰点和重点，利用其来之不易的规模和多样性呢？它可能令人生畏。你必须协调传统和期望，摆脱包袱，适应收购、市场变化和人口迁移等变化，战胜怀疑论者并制服跟随者。重新定义公司品牌产生的利益和风险都很高。你必须第一次就做对。

"我们做伟大的事情不以盈利为目的，但开发和管理我们的品牌不需要太多技能和赞赏。我们改变了一切。"

——卡门楚·门迪奥拉–费尔南德兹（Carmenchu Mendiola-Fernández）

（她领导华盛顿中心重新定义品牌时，是位中层职员）

"北卡罗来纳州储蓄银行是一个有志成为国家银行的南方地区银行！七年后帮助它们创建成国家银行并更名为美国银行。"

——范·佩里（Van Perry）（他带领一个团队创建第一个真正的国家银行品牌时，是北卡罗来纳州储蓄银行房地产部的副总裁）

"1/3 的杜邦被分拆。这是一个你成为代理人或者成为变化的受害者的时代。我们选择紧跟史蒂夫·麦克拉肯（Steve McCracken）改变一切。"

——卡罗尔·吉（Carol Gee）（他领导杜邦合成纤维企业重塑为英威达时，是杜邦品牌的全球品牌经理）

你可能想象只有 CEO 可以重新调整一个组织和它的品牌，但这已不是我的经验。尽管高层领导经常发生变化，而且这些变化必须最终获得他们的支持。重新定义品牌几乎总是由一个忠诚的、敏锐的和执着的普通人领导。这些努力必须深深吸引高层管理人，但变化的真正力量来自组织的核心。

我曾为小型公司、中型公司和跨国公司定义过它们的品牌，也领导过一些行业领先的品牌公司。但这本书的故事不是来自于行政办公室或者品牌设计前线。它不颂扬品牌的辉煌，如苹果公司，也不庆祝我最伟大品牌的胜利。

本书提炼的定义品牌和发展品牌的可理解和可操作的框架来自我几十年的业务所学，包括我在美国纽约视觉艺术学院（SVA）设立的品牌项目硕士的许多课程。这对改变一切是一个按部就班的实用指南。

斯科特·勒曼

怎样建设优质品牌？

太多的品牌发展被神秘所笼罩，被行话所遮蔽。尽管"当我看到它时，我知道它"不是一个充分的标准，你也无须成为一个评估品牌效益的高级顾问。

"怎样才能建设优质的品牌？"的答案不会在品牌价值研究中找到。可以说，它们的基本分析不会比"最性感男人"的排名更可靠，但这不是问题。即使一个完美的品牌价值评估方法能衡量一个经济症状，但是不能分析其原因。

那么，如何确定品牌是否有效？使你的品牌变为优质品牌的正确方法是什么？考虑三个基本要素。

> 一个伟大品牌应具备三个基本要素：可操作、令人信服和真实。只有其中两个是不可行的，这三个要素缺一不可，必须三者同时具备。

可操作。当品牌理念可行时，负责制造、说和做的每个人都知道成功的注意事项。

可操作的品牌仅仅是"所有……行动的根源"。它们为行为提供了一个明确的标准，为产品和服务设定了一个基准，为组织的声音设定了曲调。

令人信服。知道做什么和想要做什么是完全不同的事情。品牌必须进入组织愿望才能影响行为。人们都想成为一个重要组成部分。虽然没有令人信服的目的，你也可以建立一个组织，但该组织不会变得伟大或长久。

可操作

令人信服

真实

令人信服的品牌不仅鼓励业内人士，而且能使组织外部的目标受众信服，对他们具有强大的影响力。

真实。公众普遍认为品牌是对现实的虚伪的粉饰，这一现实是短期的。可操作的和引人注目的品牌可以成为有效的掩饰（想想安然公司），但若你想要一个更好的和持久的品牌，必须建立在真实的基础上。

忠于组织的文化和能力。忠于履行承诺的现实。特别是要忠于组织外部受众的期望。不幸的是，无论多么真实，一些理念永远不会被相信。

一个组织可以谈论对其品牌的愿望，但需要注意不要过度或自吹自擂。

1 + 1 + 1 = 优质品牌。当一个品牌是可操作的、令人信服的和真实的，它将成为重要的东西，让人一眼就能认出来，且能提高组织的竞争力。

从现在开始，如何在组织内部聚集相关人员讨论你的品牌执行的简单但功能强大的措施，这是建设优质品牌之路的第一步。

建设优质品牌……

建设优质品牌不是自我奖励。它是驱动选择和保持偏好的资产。具体来说，品牌就是改变消费者购买产品或服务的选择，或者支持的理由，或者改变消费者偏好。这不仅是选择，也可确保你忠诚于某一品牌后能赢得消费者信任，并能长期留住这些消费者。

选择和保持消费者的机制很好理解。一个目标消费者通过一系列有秩序的"门"——意识、熟悉、观察、选择和忠诚。这些"门"驱动和实施进入市场销售程序，获得长名单，并筛选出幸存的短名单，获胜，最终建立忠诚。

当你建立或发展的品牌对所有"门"都是优化的，你会赢得更多消费者，并更多地保持你所赢得的。

专家所使用的术语可能会有所不同，但基本路径很明确且不可否认。真正的问题是："品牌与这些'门'如何相关？"一旦你理解了这个问题的答案，你就可以开始评估和提高一个品牌在旅程各个阶段的性能。

意识	熟悉
进入	长名单

"我们的任务不是教授关于品牌的领导力，而是教授我们如何利用公司的品牌资产以赢得更多。一旦我们能做到这些，就会引起管理层的注意。"

——一家全球科技公司的首席营销官（CMO）

观察	选择	忠诚
短名单	获胜	保持

建设优质品牌的要素

标识是最好理解的品牌要素，也是最容易被高估的要素，是品牌名称和标志。它是所有人与一个组织相联系的独特的颜色或声音。它必须是独特的、难忘的、可保护的和适当的。它是最应该被关注和记住的东西，它是品牌的"脸面"。

在你了解品牌标识的意义之前，识别品牌标识是很有可能的。

意识

进入

界定**市场领域**是很简单的，但往往被忽视。它是品牌选择在哪个领域竞争的陈述。

界定一个品牌的竞争领域是告诉世界你在做什么，你的竞争对手是谁。这是你扔帽子的轨迹。品牌不能制造长名单，除非它告诉市场在哪里竞争。

界定市场领域对多元化企业具有很大挑战性。

熟悉

长名单

定位正像它听起来的那样——一个品牌与其竞争对手的相对关系。获得短名单需要了解重要目标客户的重要属性。

当不同的目标客户有不同的选择标准时，定位就变得棘手。"选择驱动力"会随着时间改变，这意味着定位也必须发展。

观察

短名单

特征是成功的关键。通过"门"的任何受众都已审查了一个短的品牌列表。每个人都可以提供其所需要的。剩下的问题是："我想和谁联系呢？"

它可能是一个信任、物质的化学组成或具有威望的问题——但品牌特征是影响选择最重要的控制要素。你可以想象，购买或功能越重要——生命、肢体、幸福或骄傲——特征就越重要。

选择

获胜

体验是不可否认的。兑现品牌承诺的一贯失败将导致品牌的失败。这是思考品牌体验的方方面面都很重要的原因。

伟大的品牌开发和测验的综合"模型"——认真聆听关键受众的反馈。然后他们重新策划运作，培训他们的员工和合作伙伴，发展真实世界的品牌体验。

忠诚

保持

我们的品牌冠军是不
断击打随机品牌行为
的许多"触手"。

品牌冠军

了解卡罗尔·吉、卡门楚·门迪奥拉–费尔南德兹和范·佩里。他们是和我一起工作过并创造和发展出许多品牌的品牌冠军中的三位。

这些品牌冠军们对商业以及组织的品牌有着深远的影响。他们是一群有着超凡的驾驭能力、聪明才智和不屈不挠精神的人，并且能够超前地调研一种创造品牌的方法。

在你开始创造或者发展一个品牌前，卡罗尔、卡门楚和范已经同意分享他们在创建品牌过程中所遇到的挑战、获得的胜利和惊喜。

卡罗尔·吉

卡罗尔·吉（Carol Gee）所领导的团队重新定义了价值 62 亿美元的杜邦（DuPont）合成纤维企业，即"英威达"（INVISTA）。同时，她还领导合并了欧文—伊利诺斯（Owen-Illinois）品牌，这有利于其成为全球最大的玻璃瓶巨头。

欢迎卡罗尔！"英威达"项目是如何产生的呢？

杜邦的副总裁兼 62 亿美元纤维企业的领导——史蒂夫·麦克拉肯（Steve McCracken）支持杜邦卖掉其独立纤维企业。他认为，一个独立的致力于纤维的设计、制造、支持和市场营销的合成纤维企业要好于一个聚集了一些低增长且受困于像杜邦一样的多元化的纤维企业。

你是如何参与到一个如此重要的品牌项目中的？

我以前实际上是一个企业纤维事业部的通信负责人，主要负责一些关键品牌，如莱卡（LYCRA）纤维、酷马仕（COOLMAX）布料、科尔迪尤拉（CORDURA）布料。因此，通过这些与纤维类似品牌管理的经历易于理解我为何参与到这个项目中来。当史蒂夫邀请我负责一个新公司的品牌创建团队时，我十分激动，从而也有了一段与史蒂夫合作的经历，这是我以前从来没有过的。我只定义过产品品牌，还从来没有定义过一个公司品牌。

你所在公司的领导理解这个项目的重要性、遇到的困难以及他们需要承担的责任吗？

我们受到拥有自己品牌的想法的激励，这是一个能够证明我们优秀的机会。但是，我们也怀有失去杜邦品牌力量的恐惧。每个人都知道这个新品牌对我们的成功是多么重要。

让领导者把你看成一个商务人士，而不仅是一个品牌人士，是很困难的。我们谨小慎微地寻找与我们一起开发此项目的合作伙伴，因为，此项目给我们的团队带来的将是信誉。我们的第一步必须走对，副产品是关乎到价值 62 亿美元的杜邦。

时装、毛毯、工业纤维、化学领域，再加上市场营销人员，我们团队的许多人都是知名的工程师和科学家。他们也加入了这个项目，说明该项目是很有意义的。我们所有人都有着相同的目标。恐惧没有任何帮助，因为我们不能后退。

很多程序是由客户驱动的。我们塑造的品牌不仅是我们的意愿和资产，还在于对客户来说意味着什么。这些使我们更加大胆。

尽管我们的品牌开发程序进行得很顺利，但我们仍保持专心而不畏缩。我们中有些人害怕失去工作、失去养老金。这些都是恐惧。

我们试图始终保持信息共享，但是不知就是不知。IPO 和副产品处理已经超出了品牌流程。我们能使所有事情步入正轨，理应得到一枚勋章。

跟大伙聊聊品牌创建过程吧！

我们以品牌创建过程为傲。我们迈出的每一步都是真实的，没有任何虚假。我们确信我们的程序是真实的。

我们以特征作为起点，利用特征定义公司，可以少犯错误和知道什么是不真实的。我们喜欢特征工作室。它们使我们走得更远，也使我们不仅考虑我们是谁，还要考虑我们会变成什么。作为杜邦的成员我们知道自己来自哪里，但必须讨论我们将要去哪里的问题。这些程序迫使我们去问一些你平常会忽视的问题，且后果自负。

最大的挑战要素是什么？

对于我们来说，选择一个舞台是很困难的。因此必须把四个主要部分组合在一起形成一个新公司。每一部分以前都有自己的领域。我们必须决定我们如何组合在一起。我们把一个化学公司"推向市场"变成一个集合合成纤维公司的想法是全新的。我们曾经认为这是一个普通领域，因为有一个关键要素来统一我们。

品牌定位是非常关键的。我们必须找到一个没有原有杜邦品牌光环的市场。对于我们而言，品牌定位必须独一无二。我们认为，恰当地定位新公司（NewCo）是在从事一件我们以前没有做过的定量研究。

作为一家科技型公司，它的精确对于我们做出决策是必要的。伴随着全球化的研究，我们知道我们正在恰当地定义品牌。我们很难理解我们所做的贡献，杜邦公司是贯穿于我们事业的关键合作者，它给予了我们关键要素，并与我们一起去创新，共同创造了这个伟大的品牌。

你是如何加入到这么宽广的组织中的？

对于塑造未来的品牌，经历是对我们成功最关键的一个因素。我们必须向自己展示我们能够看到什么和听到什么。将你正在创造的东西有形化是品牌设计程序中很重要的一关。每一个来自密苏里的人，都知道密苏里是一个"索证之州"。一旦我们把未来变成现实，人们就会被激发。不能跳过这一步！

在我们完成名字和品牌之前，模仿经历对于我们以后的工作进展是很有利的。要知道对于如何定义自己、你的特征和范围来说，哪些标识元素是次要的。在没有名字的情况下，所有事情都可以确立。名字和品牌像是"蛋糕上面的奶油"。因为我们很清楚地知道我们要表达什么。我们能够创造一个企业标识，该标识能够人格化那些理念——一种把它传递给全世界的方式。

在品牌开发过程中你最惊奇的是什么？

我最惊奇的是这些程序是如何"养育"自己的。每一个步骤都在向我们传递下一步应该做什么。虽然我们遵照这些程序，且课本中都有所概述，但我们仍然惊奇于把这么一个复杂又让人胆怯的旅程完成得如此完美。

误区

不要走捷径，要经历所有程序。不要错过任何一个步骤，不然你有可能错过奇迹。品牌设计程序是一个能够创造奇迹之旅。听，认真听是非常关键的。把自己当成探测器。不要接受第一个或者最明显的解决办法。

最重要的是：创造一些不是被迫产生的东西，并确信它是真的。你要经常告诉自己："如果你想要一些东西持续，它必须建立在一个令人叹服的基础之上。"

品牌项目是如何获得成功的？

对于我而言，这是 40 年职业生涯以来最重要的组成部分之一。我们开启"英威达"品牌的那一天，真是振奋人心。全球的人们都非常兴奋。该品牌被完全接受，这是如此令人满足。我经常想到那一刻。我们为组织做了什么。它们值得拥有那个名字、那个标识、那个"向前看"的定位。杜邦也为此衍生品付出了巨大代价！

品牌 **冠军**

卡门楚·门迪奥拉－费尔南德兹

卡门楚·门迪奥拉－费尔南德兹领导了一个重塑华盛顿中心（The Washington Center，TWC）品牌的策略和标识项目。华盛顿中心主要是为实习生和学术讨论会提供交流的机会，其目的是培养研究和职业技术能力、领导力和公民参与社会的能力。

你已经致力于发展华盛顿中心品牌四年了，进展如何？

反思和塑造一个品牌需要很多年时间。这不仅是一件关于视觉形象的工作，还需要时刻调整我们做什么、说什么和我们如何看。这是一个程序，不能急于完成它，这不是结束，而只是开始。

开始，你只是一个品牌设计新人。你是如何终止领导华盛顿中心项目的？

实际上，我没有任何品牌设计的从业经验。我不是一个有着公信力的经理。所有的知识来自于书本。但是，我知道我们必须把华盛顿中心的品牌改变得更好、更强。自从建立以来，华盛顿中心已经改变了很多，但是过去的品牌没有反映已经发生的变化。

你必须坚持。我没有任何关于该品牌将要是什么的理念。我决定找到一种转变我职业的新方法。

为何如此？

我是第一个在几年内就被提升为项目经理的人。这意味着我现在已经是一位在组织改变方面的重要人士。我是战略计划中的一部分。过去，在华盛顿中心的交流会上，主要是解答问题。现在，我们把我们所说的和所做的塑造成形。

你是如何建立信誉的呢？

我们把遇到的每一个人团结在一起，带他们加入我们的品牌设计程序，大家共同进步，给予他们一些指导、耐心和分享。

我们也用快速的视窗网络服务、试点项目来展示正在运作的新品牌理念，和愿意一起工作且认同你的品牌理念的人一起工作，其他事情就顺其自然了。

你现在如何看待你的品牌项目团队？

四年以前，我从来没有想到人们会把我们当成顾问、专家。以前都是我们想怎么做好这项工作，现在人们期望我们整合所有事情。

你最惊奇的是什么？

我最惊奇的是，尽管你们与同一个主管以及相同下属工作，你也有可能改变他们的认知。我们现在能很快完成这些事情，我们已有信心。

建议？

记录事情很重要。你必须向人们展示你所取得的成绩。记录文件应该具有严格的连续性。人们进进出出，但是，华盛顿中心需要真实地反映它的品牌。

同时，花时间恰当地记录你的重要客户的旅程。做这些事情是比较困难的，因为我们都忙于日常工作，后来我们才意识到这样做的重要性。

品牌项目获得了什么？

人们需要注意观察你所看到的变化。这是最形象化的变化。为了解释华盛顿中心的价值，我们做了很多工作，也赢得了很多奖项。

但是，在这些变化中最引人注意的是，我昨天收到了一个邀请，白宫请我们的学生参加一个重大事件。他们和其他人通过一些方式看到了和听到了很多关于我们的事情。通过谈论我们所实现的价值代替谈论我们多强或者多大。这为我们赢得了很多支持者。

在国内，很多品牌理念听起来很真实。理解品牌和客户的旅程会影响到你组织的每一部分。

在品牌设计程序中我们应该调研什么？

探索旅程对于我们是很有帮助的。你不仅要试图通过最好的方式定位自己，你还要试图还原真实的、现在的自己和过去的自己。当我们与华盛顿中心内外的人交谈，我们开始看到可能是什么，我们有可能真的是什么。

定义华盛顿中心的特征有利于抓住我们过去是谁、我们现在是谁以及我们未来可能是什么样子的核心，而不仅把自己看作圈外人士和专家顾问。

是什么造成这么大的不同？

定位帮助我们集中并允许我们把观众区分优次。我们学习去寻找合适的平衡，协调我们的行为。这是件新鲜事。我们开始谈论我们给学生创造经验的重要性，而不仅是我们已经拥有的资源。这导致我们集中于方法、经验和经历，而不是"我们的资产"。

对于华盛顿中心，从注重有形资产到主要考虑学生的思想和经验是一个巨大的跳跃。正当我们开始考虑我们如何与观众相关联时，一切事情都发生了改变。

新的标识怎么样？

你不应该只是为了达到改变的目的去改变一个品牌。对于我们来说，我们需要展示新标识与旧标识的不同之处。一个新的变化显示我们关于品牌的定位是认真的。人们确实喜欢我们的新标识，这个感觉是真实的。

最后的思考？

通过品牌和它的定位，你可能变成一个结合者。在转变过程中，要保持热情和执着，忠于品牌！

品牌 冠军

范·佩里

范，您作为第一个国家银行品牌的创建人之一，是如何开始的？

尽管有许多银行命名为"第一个国家银行"，但在我们的国家银行建立之前没有一个在实质上跨越整个美国的银行。国会废除格拉斯—斯蒂格尔法案①（《1933 年银行法》），为创建跨越州界的银行铺了路。

但北卡罗来纳州储蓄银行（NCNB）能够转变成国家银行，然后成为新的美国银行的真正力量来源于我们的 CEO——休·麦科尔（Hugh McColl）。他有建立一个伟大美国银行的野心。

译者注：

该法案主要是将投资银行业务和商业银行业务严格地区分开，保证商业银行避免证券业风险。

为什么选择这一使命？

我在北卡罗来纳州储蓄银行的一个子公司担任市场开发人员，工作重点是社区再投资。我正在为我的 MBA 课程《公共政策》准备资料。我找到一名银行的营销总监来领导这个秘密项目作为"伪装"。

尽管我缺乏关于品牌或身份的培训的经验，但他们觉得我的组织和整合复杂项目的能力将是有价值的。

虽然我不确定决策将引导我到哪里，但我仍接下这个工作。事实上，我被指示不要告诉我的同事我已经接受了新的工作。

人们理解这些利益吗？

毫无疑问，北卡罗来纳州储蓄银行的每个人都理解获得好品牌愿景的重要性。但很少有人为此做出努力。

范·佩里是创建国家银行项
目的领导者，仅仅七年后，
又监督美国银行品牌重塑
（被国家银行收购后）。

品牌 **冠军**

休·麦科尔下决心把银行创建至全国水平乃至国际水平。一条主要途径是在得克萨斯州和佛罗里达州扩张和收购当地银行。我们需要做好准备。

我们的管理层也开始明白北卡罗来纳州储蓄银行品牌未必会有一个更大的舞台。我们搬到得克萨斯州时，一些涉及北卡罗来纳州储蓄银行的说法已经出现："没有现金，也没有实体！"这为我们的工作增添了更多的紧迫感。

所以你秘密地创建了一种新型的银行品牌；在七年之后，又做了一次。大约有多少人参与？

一小群人就可以创造一个民族品牌。我们一开始是2~3人。当慢慢成熟后，增加到12~15人。当然需要更多人，但一个微小的核心层就能领导所有改变。

它需要品牌团队获得"金卡"访问。我们不得不从整个公司借调资源，有时，连原因都不能说。但我们已经得到我们首席执行官的允许。

同时，因为这是一个新品牌，公司中没有人了解我们将走向何方。因为我们是创造品牌的专家，我们有答案。

进行得顺利吗？

让我惊讶的是，变得好混乱。一切变得太快。我们以为有一年时间，然而突然合并交易，我们只有六个月时间。

一切都是未知数。对我们来说，时间是未知的。如何或何时收购 C&S/Sovran 变成一体是未知的。事实上，美国银行品牌项目是个应急计划，直到条件合适时，才会暂停。

关键是什么？

对我们来说，品牌战略是关键。它把所有事和所有人联系在一起。"国家银行和社区精神"的理念对国家银行的名称、标志和市场定位是个清晰的指南。你甚至可以听到"美国银行"标语这一主题的回声："银行机会。"

品牌项目实现了什么？

国家银行到美国银行的品牌转变是完全成功的。合并后的银行员工都参与并理解新银行品牌的个性和理念，也没有出现客户流失。我们证明了创造一个国家银行品牌乃至国际银行品牌是可能的。

按照国家银行的介绍，您没有回到房地产公司？

对，回到我的老角色看起来平淡无奇。创建一个新身份让你获得高级领导身份，成为真正改变的一部分。我完全被迷住了。所以，我推进和管理国家银行参与 1996 年的亚特兰大奥运会。然后在 1998 年当我们收购美国银行时，我再次付出努力。

还有其他建议吗？

让你周围充满信任的人。问自己："这对客户有价值吗？这是困惑吗？"这是一个关键问题，也是一个关键指南。但不要只是以市场为导向；要把内部员工当作客户。

调　研

　　建设优质品牌，你必须完全理解现状和未来趋势。越彻底调查每个元素——标识、市场领域、定位、特征和体验——越可能产生抱负不凡和转变盈利的见解。

　　这一章内容出现在本书前面的原因是你必须以调研作为研究品牌发展过程的开始。但你应该在开始之前通读其他所有章节。知道如何使用你的调研将有助于你找准焦点和信心。

调研　**工作计划**

1. 描述旅程

在开发一个更好品牌之前，做好功课很重要。你将会从你的视角进行实地调研，但最好是从公司行业领域的客户角度入手。

这实际上意味着你将按照客户的方式学习、考虑、选择并开启与公司一起工作的旅程。虽然我们看到的风景都会有突出的共性，但每一个观众在旅程中有自己的视角和经验。

潜在客户在寻找合作伙伴、供应商、产品或服务时，他们看到、听到或体验到什么？未来员工呢？投资者呢？你的挑战是作为观众的观众去"描述旅程"。一种"生活的……"纪录片。一旦勾勒出规则，你将陷得更深。

- 沿途收集你遇到的市场信息和交流信息。
- 分析当前战略规划以了解他们将如何改变景观。
- 回顾研究揭示观众（客户）如何做决定。
- 与创造组织的人交谈他的产品和服务。
- 研究同行和竞争对手。
- 考虑是否有未定的并购、国际化趋势及改变行业发展的社会文化。
- 测度领导层变化影响组织功能或接近市场的方式。

调 研

工作计划

1. 描述旅程

2. 审查战略文件

3. 分析现有研究

4. 调查有影响力的人

5. 采访关键选区

6. 参观商店、基础设施和办公室

调研　**工作计划**

观众的旅行地图需要捕获
代表旅行者心境的状态。

学习

选择

互动

沟通

传统市场营销和通信审计侧重于收集用于整个组织的纸质和电子材料。一项更彻底的审计工作应包括标志和基础设施的照片。但你可以做得更好。

收集材料——不仅来自你的组织，也来自主要的竞争对手，并且要在超越基本市场营销和通信的层面思考。目标是对每个观众在一段时间内看到、听到及经历的有意义的事情有一个明确的观点。

把此作为旅程的好处是你会收集你可能忽视的元素。例如，未来员工来到面试地点时看到什么？安保人员或接待员是如何对待他们的？他们是给定一个表格填写吗？表格是什么样子的？如果申请人有问题怎么做？这一路他们会思考什么？你要找到想法。

你要把自己放在员工、客户、合作伙伴、渠道代表、分析师及其他人的角度，沿途通过他们的全部经验收集、分析和记忆。

将旅程按一个合乎逻辑的方式分段。首先，以客户的角度了解你的组织和竞争对手。其次，收集最适合用于考虑和选择的竞争者信息。他们一旦决定后，就与组织及其产品或服务产生联系，包括使用说明、维修、回报、职业发展等。最后，当一个问题得到解决时，有一段时间的结合，会获得特殊的奖励或超越单纯事务性交换的关系。

学习、选择、互动和沟通，这不是一个线性的旅程，而是一个循环，是一遍遍的重复。

调　研

工作计划

1. 描述旅程

2. 审查战略文件

3. 分析现有研究

4. 调查有影响力的人

5. 采访关键选区

6. 参观商店、基础设施和办公室

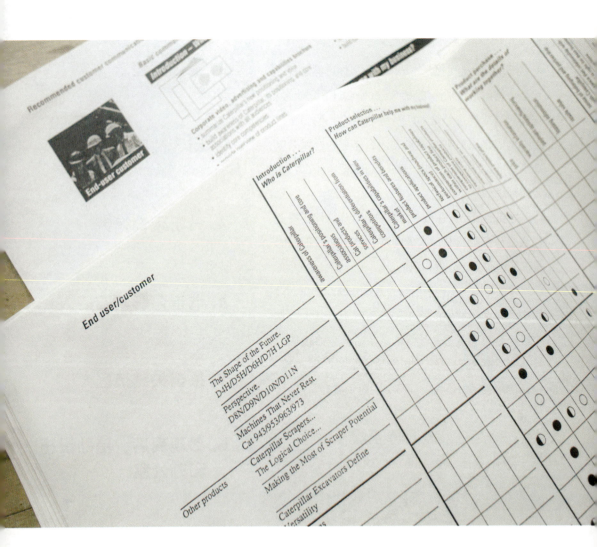

　　记录重点客户的旅程，最好观察他们是如何与组织和竞争对手进行学习、选择、互动及沟通的。你会惊讶于你有多么不知道他们的经验。为每个客户建立他们需要回答的问题清单是很有用的。例如，"你怎么帮助我的业务？""我可以打包购买你的产品和服务吗？"等等。进入他们的头脑会让你变得更有响应性和相关性。

　　这个阶段构建的"旅行地图"不仅现在有用，而且会被证明对未来品牌开发阶段来说也是非常宝贵的指南。

在这个例子中，旅行是由一系列结构化问题和确定相应内容需求构成的。然后团队清点现有材料，评估它们是否完全或部分满足每个受众的需求。

调　研

工作计划

1. 描述旅程

2. 审查战略文件

3. 分析现有研究

4. 调查有影响力的人

5. 采访关键选区

6. 参观商店、基础设施和办公室

调研　工作计划

有时绘制旅行地图的最简单方法就是自己徒步旅行。巨大的纽约公共交通系统就是被骑士的眼睛和大脑捕获的，这一观点刺激了终端适配器（MTA）在系统范围内重塑品牌。

新品牌战略和标识与骑手经验质量的实质变化、地铁卡的引入联系起来。地铁卡是一种电子收费系统，其由地铁、公交车、火车、桥梁、隧道组成，这给 MTA 系统带来新的凝聚力。

调 研

工作计划

1. 描述旅程

2. 审查战略文件

3. 分析现有研究

4. 调查有影响力的人

5. 采访关键选区

6. 参观商店、基础设施和办公室

它有助于有长墙的工作室组织材料。这个组织要学会充分利用窗户作为分割物。

调 研

工作计划

1. 描述旅程

2. 审查战略文件

3. 分析现有研究

4. 调查有影响力的人

5. 采访关键选区

6. 参观商店、基础设施和办公室

调研　工作计划

是按计划巡航前进，进入新的地区，还是采取严格措施纠正行动方向？

产品或地理部门开始在重要性上上升还是下降？组织结构将得到演进以满足新的需要吗？

组织在有机增长吗？或在横向上进行实质性的兼并和收购？

有竞争者抢夺订单吗？或者你的组织是重写规则的"新贵"吗？

领导层追求从一代到另一代有序的交接权力，还是具有不确定发生什么的特性？

2. 审查战略文件

商标不仅反映过去和现在，也是未来的前哨。

你的概要是捕获整个组织未来的视图。比如一些激进的问题可以通过复审战略规划文件来回答。

在"直觉性"组织中，你的调研几乎没有什么能记录的。外部资源，比如分析师报告或"内幕"博客，可能更多地用在分析领域，用于识别趋势，以及作为为未来提供合理猜测的依据。

虽然我们会在后面讨论如何分析研究和采访关键人物——你会调研这些工作对理解组织的战略方向和目标很重要。

如果战略规划文件、五年计划、年度报告声明及局外人观点与"最佳路径"存在内部矛盾，不要忧虑和惊讶。调研这一步的目的是从每个角度调查和总结未来是怎样的，而不是将对立观点合理化。

"调研"的这一部分较少关注你问的问题，而更多关注组织和行业自身存在的基本问题。

调　研

工作计划

1. 描述旅程

2. 审查战略文件

3. 分析现有研究

4. 调查有影响力的人

5. 采访关键选区

6. 参观商店、基础设施和办公室

调研 工作计划

你不能仅仅限于以专家和分析视
角着眼于研究，还应从组织视角
进行研究。如果从这些视角看到
的问题相似，这有可能揭示了最
根本的差异。

3. 分析现有研究

大部分组织的行为研究是下面的其中一种：一种是以人们实际如何作为观察视角的人类学研究；一种是提供线索和刺激的想法但无统计确定性的定性研究；一种是提供一个预测部分人如何思考和行为的看法的定量研究；偶尔还有普查研究，调查一个专门小组（或团队）每个成员的看法。

不管运用什么方法，目的是增强对是什么和可能是什么的理解。方法越严格，样本范围越大，你对结果就有更大的信心。

要小心收集和分析现有研究。给定研究设计的技术特性，外行很容易过于相信有缺陷的全球性定量研究结果，但过少考虑到一个小的、优雅的人类学研究的努力。所以，你可能需要一些非常专业的帮助来解释你的阅读。

但即使你决定需要一个研究专家，你自己也可以做一个初步的分析。记住，你想要实现两个目的。更明显的目的是挖掘数据以理解其揭示的是什么。同样重要的目的是通过把组织作为一个整体的视角来研究及对其下结论。

在有见识的研究文化中，现实和感知可能是一致的。但在一些组织中，对研究来说是一个糟糕的审查，其几乎不加掩饰地偏袒某一个观点。你工作的一部分是弄清楚现有研究支持或怀疑的内容。

无论现有定性或定量研究，都忽略了被要求的关键问题。注意观众如何划分和描述以及哪种"属性"被估量——如"提供响应性服务""合作伙伴的行为"和"行业中的创新行为"。这些模块的业绩将有利于你后面的品牌定位工作。

调　研

工作计划

1. 描述旅程

2. 审查战略文件

3. 分析现有研究

4. 调查有影响力的人

5. 采访关键选区

6. 参观商店、基础设施和办公室

调研　**工作计划**

牛市，

专家，

和熊市。

噢，我的天！

虽然牛市、专家和熊市是出了名
的不可靠，但它们深刻地塑造了
行业、企业及品牌的过程。

4. 调查有影响力的人

你可能已经注意到，在我们与人直接对话之前，我们的主要工作是审查通信、营销材料、战略文件及研究等第二手资料。这一方法使我们对当前状况有一个深刻的理解。一旦你遇到当事人，你可能会受到他们已经完成的看法的影响。

在你移到"主源"之前，花时间听听有影响力的人的观点。他们是业界的领军人物、专家和真实或虚假的预言者。他们的工作是预测未来发生什么。最有影响力的人（往往是最好的记者）的目标是努力让他们的调查引向他们可能在哪里。做好最坏的打算，有时不幸的是，有影响力的人最有说服力的是对他们想要推动的内容有一个主题或一条故事线。如果相反的话，真糟糕。

对于分析研究，你有双重角色。第一，寻找有影响力的人所说的真实性。行业的未来发展方向是什么，为什么？机会和陷阱是什么？谁可以对未来有最好的定位？为什么？

第二，描述、分析趋势。这些趋势将要如何影响你的组织和广阔的市场？情绪是什么？驱动人们认知的秘密是什么？一个令人信服的综合的流行的观点是"品牌外观是有用的指南"。

调　研

工作计划

1. 描述旅程

2. 审查战略文件

3. 分析现有研究

4. 调查有影响力的人

5. 采访关键选区

6. 参观商店、基础设施和办公室

调研 工作计划

除了出色的准备，这里有对伟大采访的一些关键点。

除非被采访者是首席执行官或那些说什么都不会受到惩罚的人，不然，要匿名承诺或者发表。

要求个人观点。告诉采访者，你已经读过了很多关于组织的介绍。你了解官方和公众观点，你需要他们的独特视角和见解。

记住你在那里是在学习和搭建桥梁。两项同样重要。采访应是众多谈话的第一个，不是最后一个。

用纸和笔（至少用手写笔和手写板）认真做笔记。在这里敲击键盘是不受欢迎的。好的笔记能逐字地记录和捕捉重要观点。

你可以稍后完成列表和名称拼写。要专注于重要的事情。

从不接受上级对下级的采访。

考虑带一个不引人注目的记录者，这样你就可以专注于讨论。但仍要有自己的关键笔记。这是尊重，也是谨慎。

尽可能快地做笔记。当天整理是最好的。这样你将会修复你头脑中的概念，确保笔记清晰，并利于你的核心团队接受。

5. 采访关键选区

如果你已通过"调研"做了彻底工作,你将获得关于组织、关键选区、竞争对手、行业及塑造所有这些元素的大量有用信息和趋势。现在你可以与最重要的人交谈:领导者、长期雇员、新手、后起之秀,甚至包括组织中的麻烦制造者。

对你的方法要有信心。鉴于你来之不易的知识,你不再是一个要求一点内幕智慧的纯粹请愿者。对于发生什么以及接下来可能发生什么,你是一个情报和观点来源。举一个例子:两位石油勘探高管曾笑着问我,他们为什么要浪费时间与一个品牌专家交流?他们做得多好!我的回答是什么呢?"我理解你的公司不再是新工程人才的首选,什么改变了?"这是一次坦诚并富有成果的对话的开始。

许多采访很简单。你询问对组织有了解的人——员工驱动力,与其他公司的差异及行业发展趋势。一小时后,你建议开始一个后续讨论。其他采访可能开始得很缓慢。有些人可能会怀疑你的动机或对他们的职位感到不安全。

你对组织和被采访者的背景了解得越多,你就越容易找到他们谈话的出发点。每个人都有一个出发点。如果不得已,不要害怕被挑衅,但总是会被尊重。

抓住采访的核心,你会获得真正的洞察力和支持者。要获得事实真相,否则你可能立即被解雇。

调　研

工作计划

1. 描述旅程

2. 审查战略文件

3. 分析现有研究

4. 调查有影响力的人

5. 采访关键选区

6. 参观商店、基础设施和办公室

调研 | **工作计划**

在采访中你应该试着问这些基本问题。

你的组织的核心是什么？它是如何开始的？

塑造其目的和文化的故事，甚至神话是什么？

重塑这个行业、竞争对手及组织的最重要力量是什么？

你选择的竞争领域在哪里以及这些领域如何改变？

你的主要客户是谁，什么促使他们选择你或选择你的竞争对手？

组织声誉反映其真实优势吗？

区别你与竞争对手和后起之秀的是什么？

你是谁？在一个文化中，你是怎样表现的？这么多年来改变了吗？

组织角色须进一步发展吗？

组织兑现承诺了吗？

名称、标识、设计、声誉、通信风格和营销方式适合组织吗？

确定你采访的人。首席财务官、首席营销官、生产线管理员及销售代表期望你在他们的专业领域有所洞察。仔细倾听他们，适时调整方式和语气，以确保他们感到舒服，并有机会表达组织存在的问题和希望。

品牌项目的境况也会影响采访。一个未定的品牌项目的问题焦点会大大不同于得到崛起的新的竞争对手刺激的品牌项目。

尽管你采访的人的视角存在差异，你应该试着问一些基本问题。答案将为定义品牌的核心理念提供基础。

当你读完这本书的剩余部分，你将更好地知道你需要从采访中收集什么消息。

调 研

工作计划

1. 描述旅程

2. 审查战略文件

3. 分析现有研究

4. 调查有影响力的人

5. 采访关键选区

6. 参观商店、基础设施和办公室

6. 参观基础设施

如果你想判断一个工业建筑公司处理复杂项目的能力，就访问它的公司网页。它们组织得是否有序？需要评估咨询公司的规模和持续性吗？聆听当权者如何跟下属交谈（他们不知道你在观察的时候）？在公司生死攸关时，对公司集中人才和资源的能力持怀疑态度，在员工食堂闲逛几个下午，你很快就会知道真相。

远离公司总部到腹地。标注用来描述战略使命的语言。观察工作是如何运转的。尽可能与竞争对手做得一样多。没有什么能代替现场工作。

调研的最后一个阶段结合了其他所有要素。它提供了一个现实的底层观点。在现场采访让人们放松，并向你展示如何工作。

调　研

工作计划

1. 描述旅程

2. 审查战略文件

3. 分析现有研究

4. 调查有影响力的人

5. 采访关键选区

6. 参观商店、基础设施和办公室

特 征

带有清晰定义特征的品牌能因为它们的行为而被识别，不仅是它们的名称和标识。

标识	市场领域	定位	特征	体验
意识	熟悉	观察	选择	忠诚
进入	长名单	短名单	获胜	保持

客户通过移动选择"大门"来体验品牌。制作界定每个"门"的要素需要以不同的顺序来完成。

如下所示，在我们对市场走向做出选择之前，我们需要理解特征。标识不是品牌的司机，而是品牌意义的容器，其定义最好留到最后。

在下面的章节中，我们将步步为营，创建、界定更好品牌的每一个要素。

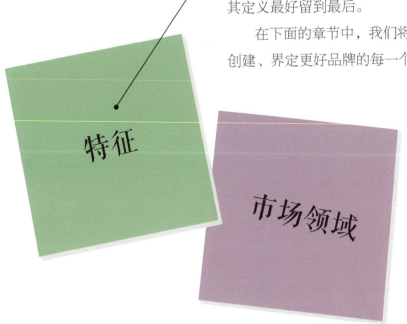

从特征开始

　　尽管"大门"或"阶梯"需要按照一定的顺序选择或忠实地运行，但品牌元素的发展并不遵循相同的逻辑。

　　从**特征**开始，而不是从标识开始，是因为它带动组织的所有选择。然后是**市场领域**，因为它定义竞争市场并决定你到哪里。再者，**定位**，决定你吸引关键客户的策略。下一个呢？一个欲望**体验**模型，因为它是全部品牌故事展开的舞台。最后，**标识**，因为它的形式应被磨练以适应其他品牌元素，而不是以相反方式。

当你知道你是谁时，做决定就变得更容易——关于一切。对人和品牌都是如此。我们的标识（或员工）应该大胆？巧妙？谨慎？我们应该把我们的服务扩展到哪里？我们跟谁合作最合适？你懂得。

最成功的品牌——你最崇拜的——是可预测的（或可以预见但不可预测的）。你了解它们的特征，所以你对它们的行为、声音、感觉甚至气味都有好感。

崎岖的

经验的

有力的

CATERPILLAR®

实用的
简单的
巧妙的

很酷的微软（Microsoft）产品。

带"极可意"（Jacuzzi）水流按摩浴缸的卫生间。

变革性的戴森（Dyson）洗碗机。

不卫生的麦当劳（McDonalds）。

由 AMF 制造的哈雷（Harley）。

特征中有什么？

思考左边页码的每个语句。你可能嘲笑一些肯定他人的真实性并积极应对少数彻头彻尾的谎言（只有一句话偶尔不是真实的）的人。

要知道好或差的品牌是如何做到卓越的。评估完全正确或在某种程度上正确或至少在某天可能正确的是什么。这包括对一切——从产品设计、公司工作方式到重点负责人——是对的（或错的）都有一个完美的观点。

不幸的是，我们经常对自己的公司和品牌视而不见。很难想象，哈雷-戴维森（Harley-Davidson）的所有员工都认为 AMF 是制造保龄球设备的世界领先企业，应该控制该公司。或者，换句话说，雅芳（Avon）认为自己是适合拥有蒂芙尼（Tiffany）的人。这两笔交易看起来有合理的经济理由，但对特征有严格考虑的人会调研其他收购者。你容易想象这两个交易必须阐明保守这些传奇品牌秘密。

最好的品牌对它们的特征都会建立真正的信仰。尽管我们都知道那里有家不卫生的麦当劳，但我们确信它是个局外人。也许爱微笑的顶着扫把头的罗纳德（Ronald）可以带它们走上正道。

想想自己的公司或组织。在那里工作的所有人都知道它的特征吗？关于一切——产品开发、招聘、收购、沟通的语气和语言以及更多的讨论与"我们是谁，我们做什么"这一共享意识联系起来了吗？它们应该联系起来。随着组织成长，定义特征变得更为重要。

初创企业和小企业在本质上具有凝聚力。人人互知，并且都是创建基础特征的地方。

优雅的
奇怪的
风度翩翩

所有品牌随时间变化。它是保持相关性的唯一方式。但"多快"和"多远"是讨论飞跃之前的关键问题。

想象一下当前你的组织是现在大小的两倍甚至一百倍，扩张到全世界，增加员工甚至兼并其他组织。你将如何保持你的组织的完整性、自我意识和目标？你怎么能信任不知道你是谁的人，你代表什么？

领导层的变化和已建行业的中断也会影响特征。所以不要认为讨论特征是一个千载难逢的任务。特征会缓慢地演变。但是，像今天世界上其他所有一切事物一样，它比以往任何时候发展得更快。

顺便说一下，戴森还没有设计和制造出变革性的洗碗机。

区分你和其他人、你的组织和其他组织的是什么？特征。虽然有很多方法可以定义特征，但是，我认为特征主要有三个特质，为什么是这三个？这迫使你艰难地和准确地做出选择。三个精心选择的特质允许你在没确定编写规则的前提下养成一致的行为。

当你努力定义一个品牌的演进本质时，你要不断改变和调整这三个特质，直到它们以正确的方式相互影响——捕获一个能指导组织所说及所做的真理。组合和排列是永无止境的。所以，你不可能找到具有相同特征的两个公司。

　　每个特质都是至关重要的。想象一个有魄力和魅力的人。这两个特性使他们具有激励他人采取行动的能力。但他们将开发他们善或恶的固有优势吗？怀有自私还是无私的目的？第三个特质，需要合适的修饰符——如"自恋"或"给予"来正确了解他们将如何行动。

你必然想知道为什么任何人都认为 AMF 是哈雷–戴维森最合适的合作伙伴。

定义特征

定义你公司的特征，你需要聚集合适的人，提供一个清晰的框架，并促进这一过程。

谁应该是这个过程的一部分？

最终，每一个人。但刚开始时，聚集一小群人，能够代表组织继承者、当前驱动者和后起之秀。如果一个单独的聚会是不可行的，就开展一系列在整个组织中动态移动的迷你工作坊，然后合并结果。你可以采访个人、查阅档案、进行调查，以增强过程的丰富性和深度。

三个特质

最后只能有三个。特征的三个特质一起捕捉组织的演变特性。

为什么只有三个？如前所述，这迫使你做出艰难的选择。每个人都同意，但没有人使用复杂的列表。"三个字"是难忘的和可行的。三个特质已足以表达一个复杂的特征。准确界定，每个人都将看到在优雅三和弦上的组织本质。

便利

你的工作是让每个人都诚实，挑战陈词滥调。你不要盲目复制现存有价值的观点，但要尊重。现在看似负面性的特质特征对一个开创性的组织或许是完全正确的。

最难的是让每个人都专注于组织的特征——不仅是那些他们个人拥有或欣赏的特质。想象一下，组织是否有一个你可以向朋友描述的特质——它有，你也可以有！

PROUD
GLOBAL
E CURIO
GENIOUS
AN OPE
AGILE
IC INVENT
BOLD
RACTICAL
NO. NO. NO! YOU ONLY GET 3. 3 THAT WORK TOGETHER. 3 THAT REFLECT YOUR HERITAGE, PRESENT, AND ASPIRATIONS.

| 特征 | **研讨会** |

使用互动媒体

找个大空墙或一排大窗户。设定三个区段——过去、现在和未来。为所有人提供真正的 7.62 厘米 × 7.62 厘米的 Post-its® 便笺（防止跌落！）和醒目黑色标记！使用这些简单的工具，你可以创建一个大规模的交互式环境来探索和定义组织的特征。

记录过程

不是所有人都是研讨会的一部分。用相机给每一个阶段拍照，记录讨论过程，甚至为研讨会过程录像。当你与他人会面时，不仅要分享你的结论，还要向他们展示你们是如何获得正确答案的。

用 8 个步骤来定义品牌特征。首先讨论的是目标、过程和基本规则。然后让大家参与头脑风暴，就品牌特征如何随时间演变及发展方向发表个人观点。

团队结构应确保安静的声音不被淹没。每一个想法，即使是不受欢迎的，也有机会被听到。结果将是一套广泛而深入的品牌特征特质——几十或者上百的个性字词将被印在便利贴上。

中间部分，即步骤 3、步骤 4 和步骤 5，都是为了理顺混乱秩序，理解词语海洋的含义。你会惊讶于利用该模式的快速和容易，然后就会出现新的观点。

步骤 6 的"工艺"将会更困难。团队在这个步骤必须使品牌特征完全清晰。三个特质的约束将迫使团队达成真正的协议——不仅是谈判达成妥协的单词列表。

这 6 个步骤是为了让组织识别出真的特质，而不是选择支持个人议程的那些。

在步骤 7 中，你将把讨论转向他们精心选择的三个特征特质的意义。具有那些特质的组织是如何运行的？它会做什么呢？它看起来和感觉如何？如果特征定义导致错误行为——或者，就像有问题的那样，就不具有可操作性——你将不得不由原路返回！

最后，你将完成这阶段工作，捕捉特征特质的意义和影响。

特 征

研讨会

1. 框架

2. 头脑风暴

3. 组织

4. 表征

5. 提炼

6. 工艺

7. 验证

8. 完成

特征 | **研讨会**

研讨会设置非常简单。你想要一个舒适的空间——最好有窗户。必须有一排大窗户或足够大的空墙来显示或安排由几十张便笺构成三个不同的布景。

做个大约两小时的计划（尽管你可能想结合这本书的其他专题讨论凑成一个全天工作事件）。

每位参与者都需要一个"7.62厘米×7.62厘米"的Post-its®便笺和一个明显的、薄的、黑色的标记。

指定一名摄影师拍摄录制讨论的过程和发展阶段，并指定一名记录员对讨论做详细的笔记。

1. 框架

研讨会的目的是简单而深刻的。团队将定义组织的特征。特征定义行动和期望，也修饰语言和风格。研讨会不是装模作样，而是源于传统和欲望的内在真理。它进展缓慢。

展开一个关于他们知道的企业和品牌的固有特征的讨论。哪一个看起来敏锐和纯粹？该特征对那些组织的外观、感觉、声音和行动有什么影响？有品牌脱离特征做了一些事的实例吗？

有一些"品牌中断"的乐趣。要求参与者提出他们可以想象的最错误特征的表现——像某一只著名的老鼠抽着雪茄，凌乱的苹果公司专柜，戴红色假发的成年男子促销温迪……转而讨论你们的品牌。它的特征被较好定义了吗？它变化了吗？是什么推动了它的发展——新人才、竞争力量、增长？什么将激发他们或使他们担心当前或即将出现的特征？

竞争对手呢？团体已认同和定义他们的主要特征和特质了吗？

它有助于设想一个社交活动，行业的知名品牌都聚集在那里。你为一个正在找工作的好朋友作指导。你将如何描述每个品牌？记住，你在和一个值得信赖的朋友交流，所以选择揭示词，如"残酷"，而不是代码词，如"具有挑战性"。

现在，团队已形成，并对品牌特征的特质和目的有了认识，研讨会可以开始了。

特 征

研讨会

1. 框架

2. 头脑风暴

3. 组织

4. 表征

5. 提炼

6. 工艺

7. 验证

8. 完成

| 特征 | **研讨会** |

2. 头脑风暴

　　在一面大墙或一组窗户上设置三个部分——过去、现在和未来。头脑风暴会议的目标是随着时间发展获取组织特征特质填充到每一部分。

　　重要的是，每位参与者都有机会考虑和贡献不受他人影响或施压的个人观点。为确保这一情况发生，给团队 20 分钟时间安静地创造一些特征特质。他们可以在过去、现在和未来区域使用便笺涂鸦。每个特质应整齐地书写在单独的便笺上。

　　过去的特质可能基于个人经验和神话。无论参与者相信什么是真的。不要惊讶当前每个参与者的看法是否不同。任期、位置、功能、地理等其他因素都影响感知。

　　未来区域是为即将出现的特征特质，由于新领导、人才、收购和兼并，或者组织的发展愿望而引发。

　　一旦团队有时间积累特质，请他们把它们放在过去、现在和未来三个部分中。每个人都花几分钟复习三个特质的集合。

给每一个人约 20 分钟创建过去、现在和未来的特征特质，并将三张便笺放在一起。

对创业公司来说，选择现在和未来的特质。

使用词语来描述特征特质。例如，"廉价的"是产品属性，"便宜的"才是特征特质。

使用明确和奇特的特质。像"诚信"这个词代表了一批特性，类似的还有"诚实""坚定""可靠""无私"等。每个特质用一张便笺。

特 征

研讨会

1. 框架

2. 头脑风暴

3. 组织

4. 表征

5. 提炼

6. 工艺

7. 验证

8. 完成

特征　　研讨会

3. 组织

首先，过去、现在和未来特质的三个队列似乎势不可当。但你很快就会发现秩序混乱。

把参与者分成三个小组——过去、现在和未来。给每一小组分发相应部分的便笺——叠加重复和分组具有相关意义的词语。

比如，现在小组分为"完整性""诚实""值得信赖""负责任"和"乐于助人"。

很有可能五个左右的分组将从几十个甚至几百个特质中脱离出来。如果有太多，那么就争取最好的组合，使它们更加紧密。

特 征

研讨会

1. 框架

2. 头脑风暴

3. 组织

4. 表征

5. 提炼

6. 工艺

7. 验证

8. 完成

这个小组决定用不同色彩的便笺标记过去、现在和未来。这是让事情变得有条理的伟大方式。

特征 | **研讨会**

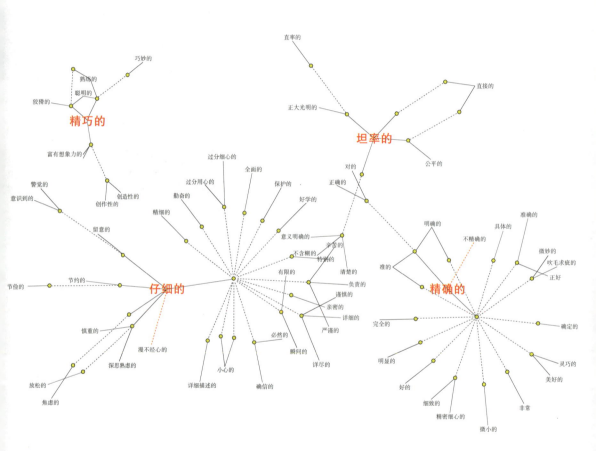

直率的

巧妙的

熟练的
聪明的
狡猾的

精巧的

直接的

正大光明的

坦率的

公平的

富有想象力的

警觉的
意识到的

创作性的
创造性的

精细的

留意的

过分细心的
全面的

过分用心的
勤奋的
保护的
好学的

对的
正确的

意义明确的

明确的
不精确的

准确的
具体的

微妙的
吹毛求疵的
正好

节俭的
节约的

仔细的

不含糊的
特别的
有限的

辛苦的
清楚的
负责的
谨慎的
亲密的
详细的
严谨的

准

精确的

确定的

慎重的

漫不经心的
深思熟虑的

必然的
瞬间的

完全的

灵巧的
美好的

放松的
焦虑的

小心的
详细描述的
确信的

详尽的

明显的

好的
细致的
精密细心的
微小的

非常

4. 表征

退一步讲，墙上（或窗户上）的特质将开始"讲述"一个故事。团队现在代表相关群体的想法。把他们作为一个整体，用最好描述的词语标注每组特质。

例如，像"适应性、灵活、机敏、反复、善变"这一组单词都可以标注为"适应性"（Adaptable）。

再退一步讲。团队现在可以在过去、现在和未来之间来回浏览，了解最突出的特质及组织特征随着时间的演变。他们一起开始讲述一个故事。

有一些典型模式可以搜寻。创业型企业往往用大胆的甚至不计后果的形式表征过去——看现在太过保守。有时又回到过去对能力的渴望，但以更加严格的方式。

在危机中的公司可能以非常不讨好的方式描述现在。甚至蓬勃发展的组织也想要保持成长和发展。

确定并讨论主题，转向你在墙上看到的新兴事物。

这些词语简图生成的思维导图可视为同义词词典。这对讨论特性的头脑风暴来说是个伟大工具，还可以帮助找到合适的同义词来描述每组特性。（www.visualthesaurus.com）

要想获得更多实践，强烈推荐经典《罗热词典》（Roget's Thesaurus）的几个版本。

特 征

研讨会

1. 框架

2. 头脑风暴

3. 组织

4. 表征

5. 提炼

6. 工艺

7. 验证

8. 完成

特征　**研讨会**

5. 提炼

提炼至关重要。它消除附加物，只保留本质。从这一步起，团队将开始做出关于如何定义组织向前发展的特征的艰难选择。

特征不能完全被赋予期望，也不能完全由过去支配。一个将是幻想，另一个是描述博物馆。

你追求的是传统、当前现实和愿望的完美结合。

这需要一个开放式的讨论。使用你为特质分组创建的标题，权衡过去和现在应该保留什么。如果可能，摆脱过时或非生产性的包袱。但要决定永不改变的是什么。

仅仅考虑未来，你所相信的期望特质是可能被组织所接受的那些。

提炼出 3~7 个关键特性。

特　征

研讨会

1. 框架

2. 头脑风暴

3. 组织

4. 表征

5. 提炼

6. 工艺

7. 验证

8. 完成

在这一步，我们要求人们成为关键特质的倡导者。作为主持人，要确保每个人都能听到。

特征 ## 研讨会

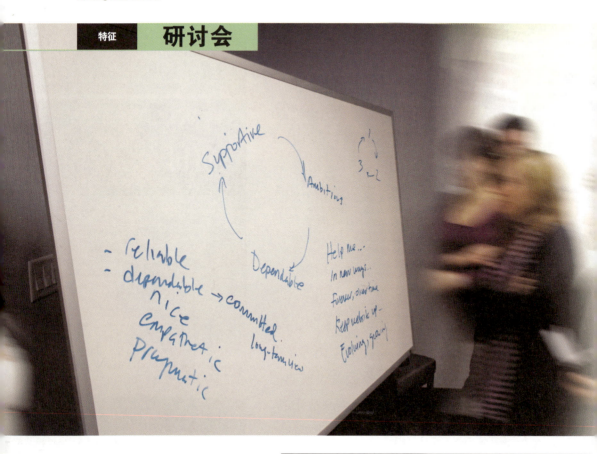

该团队的参与者认为他们已经完全正确地得到他们组织的前两个特质——它的易爆特质推动其创新精神。然后他们集中调整第三个特质以准确反映他们之间的紧密联系。确保每个人都全力参与制定合适特质组合的过程。你们不需要在确切的词上达成一致。

几个人更喜欢另一个同义词的情况很常见。聆听以确保抓住核心理念——一旦你们有这种共识，你们就可以向前推进。

6. 工艺

　　在这一步骤，团队决定三个特质，捕获组织从哪里来和要成为什么的真相。

　　找一个清晰点与你们已从过去、现在和未来提炼的关键特质联系起来。一些团队，如左图所示，将过程的这一部分搬到一个白板上。做最适合你的任何工作。

　　选择三个特质，把它们紧密地联系在一个三角形上。考虑它们的相互作用。它们在意义上不能重复或重叠。它们应该相互影响。例如，"雄心勃勃"可被视为"自私"，但添加"支持"，你开始认为"为他人雄心勃勃"。

　　尝试关键特质的不同组合。如果在提炼步骤，你得到三个以上特质，就尝试不同的组合。记住，只能有三个！

　　调整文字。一个有稍微不同强调点的同义词可能更准确。

　　当你得到三个合适的特质时，它才"一针见血"。

　　一些提示：

　　● 几乎总有一个特质，刺激行动或提供能量。能量本质取决于组织。例如，大胆或害怕的特质都会导致行动。

　　● 一个平衡的特征简况应对所有观点有意义。考虑特质是否向内部或外部偏向太多。

　　● 最后的特质意味着指导和激励行动。选择尖锐、较强的词。太多组织认为必须使用审查过的语言。如果词语是打折扣的，品牌也会打折扣。

　　● 真实。

特 征

研讨会

1. 框架

2. 头脑风暴

3. 组织

4. 表征

5. 提炼

6. 工艺

7. 验证

8. 完成

特征 | **研讨会**

7. 验证

性格特质的最佳测试是想象如何利用它们。

如果组织完全接受你已选择的三个特质，讨论它会如何说和做。组织看起来怎样，听起来又怎样？它将如何影响产品更新、服务提高、招聘和职业发展？

组织会停止做什么？开始做什么？会做更多吗？

如果特征不可行或看似促使错误的行为，说明你还没有选对。返回到步骤6——"工艺"。

这个组织由来自世界各地的业务线上的不同角色的人组成。通过这次研讨会，他们能够开始对组织的"说"和"做"运用一个共享的标准——无论身在何处，也无论生产线是什么。

特 征

研讨会

1. 框架

2. 头脑风暴

3. 组织

4. 表征

5. 提炼

6. 工艺

7. 验证

8. 完成

特征　**研讨会**

我们奋发图强、聪明、脚踏实地——不断以出乎意料但又实际可行的方式推进行业和客户的业务。

一个简单而优雅的特征界定可以改变一切。为组织里面的每个人的"说"和"做"提供一个明确的基准。

8. 完成

一旦你选择了三个基本特质，就可以起草一份能捕捉话语和想法的简短声明。

核心特征声明无须太长。为了让别人理解你所做的选择，核心特征应尽可能包括必要细节。

在这个过程中，你也会发现，行走于员工群体中和沿途拍摄照片是创建支持共享的特征定义的有效手段。员工想知道这一工作的目的，谁参与其中，领导是否支持所得结论。将研讨会议的重点放在特征定义的讨论上也是很重要的，这将会影响员工在组织中的角色。询问员工的想法并分享他人的想法。

许多组织必须考虑如何将特质转化为其他语言。努力获得正确意义——不只是为了替代同义词。

品牌特征研讨会将在组织内激发一个关于公司过去所拥有的东西的重要讨论。这种研讨是一个传递担忧组织是否"失去了过去曾经所创造的伟大"或是"悬挂在不再相关的过去"的机会。通过打开这个话题，新人有机会表达他们的观点，前辈开始复述用于定义文化的故事。

研讨会不仅加快了定义品牌特征的过程，也确保不同观点的人们有机会聚在一起得到最优解决方案。这有利于形成可操作的协议。

特 征

研讨会

1. 框架

2. 头脑风暴

3. 组织

4. 表征

5. 提炼

6. 工艺

7. 验证

8. 完成

一个研讨会的替代物

有时，召开研讨会是不可能的。或者，你只能组织一部分人召开，而不能召集全部人员。一个可行的替代方式是运用过去、现在、未来框架作为指南，进行单独采访或小组采访。

让人们谈论组织的特征并不难，但你必须让他们舒服地接受真实性：

- 像团队那样，解释界定特征的重要性。
- 让他们知道你在那里是为了获得他们的个人意见。
- 确保让他们理解他们所说的将被使用，但不署名。你只能识别他们的一般作用或业务领域——没有什么会泄露他们的身份。

创始人、首席执行官和其他高级领导人是此规则的例外。大多数人会期望甚至要求他们的话语显示他们的名字和职务。以他们为榜样！

开始让他们讲述故事，并举例说明他们认为的组织的特征。探究他们选择具体特质的原因。例如，如果他们认为组织在过去是机会主义的，要求他们说一个例子。

不要害怕挑衅。如果你认为他们只是从公司脚本读取或过于谨慎，要礼貌地质疑受访者。提醒他们，你需要他们的个人观点并为他们保密。如果他们担心自己与同龄人相比有不同观点，请安抚他们。

做好笔记。试图捕捉、逐字翻译、做最有说服力的评论。如果有专门人员担任记录员，可以有益于采访，这样你就可以专注于谈话。确保涵盖过去、现在和未来的特征特质。

讨论竞争对手的特征。询问"与他们特征的区别点是什么？"和"与我们如何不同？"

你也能为寻找组织特征检查通信和营销材料。语气严肃还是有趣？语言复杂还是简单？图像是功能性的还是富于表情的？在采访中，引入案例用来评估人们认为的特质是否反映组织的特征。

完成采访后，提取你所了解的，并与一个小的信任团队做一个有关过去、现在和未来的简况——然后把特质归于有力的三个。

我们曾经投机取巧——真的有过——现在我们更有纪律。

客户不需要我们很好，他们需要我们第一次做对。

你的笔记应抓住你在采访中听到的词语和想法。为证明这一情况，你需要唤起组织的声音。

我们被称为"硅谷动物"，并以此为傲！

市场领域

你选择在哪里竞争？你最大的竞
争对手是谁？市场领域提供环
境，为每次竞争战役设置标准。

一个简单的问题

你做什么工作？这是一个简单的问题——当采访某人时，这是开始提到的问题之一。这是一个重要的问题，因为它会为下面的采访提供一个语境——跟国税局代理谈话和与一个高空秋千表演者谈话将非常不同。

选择一个领域是竞争的第一步，也是行动的声明。它设置了我们所做的边界。

竞争市场界定很简单，但常常被忽略。这是一个品牌选择在哪里竞争的声明。

界定品牌的竞争领域，是要告诉这个世界：你做什么，你的竞争对手是谁。这是你扔帽子的抓手。品牌不能使潜在客户成为会员，除非它告诉其竞争市场。

界定领域对多元化企业具有挑战性。

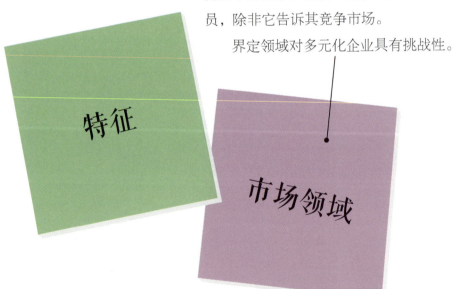

特征

市场领域

你做什么工作？

定位

体验

标识

不要用你的想象力

市场领域应该是通用的。它们主要用于环境分析和分类。宣布你的市场领域时，不要有创意。为什么呢？告诉别人你是个"色调技术员"还是房屋画家？哪一个更有用？

问题是组织并非总是满意简单的描述，像"商务咨询""工业建筑"，或者"油田服务"。它们想让自己区别于竞争对手。但市场空间是被用于勘测前景的雷达，不是赢得这份工作。

如果你想较少考虑被调研，你的组织必须找到融入组织世界的方式。如果你想要建立一个燃气发电厂，你会寻找"工业建筑"公司或"核电站建设"公司。

这样想，如果你正在寻找特定的产品或服务，你可能会问一个值得信赖的朋友，使用黄页（非常复古），或利用谷歌搜索潜在供应商。不管你怎么搜索都会使用通用术语："我在找……屠夫、面包师、烛台制造商。"进入市场领域，把自己从大流中分离出来不是一件容易的事。你只会更难找到。

使用清楚、简单的通用术语界定你的领域。不要用你的想象力。

但是，如果没有词或短语描述你做什么怎么办？你如何描述新事物，做到真正的创新呢？

首先，确定你是否真的进入一个新的行业。如果你只是想改进什么，没有创造一个新领域的优势。记住，你必须告诉人们一个全新的想法。这样办很困难，成本也比较高昂。

如果你确定你是一个新行业的先驱，诸如私人太空旅行，你仍然可以利用之前的想法。

维珍银河公司用"商业空间线"描述它的领域。你将看到怎样运用航空公司的变体在没有混乱的情况下创造一个新的市场领域名字，但最重要的是"空间"这个词的使用。

低音打样机

迷路的酒鬼

犬类控制器

捕狗器

你可能会喜欢这些发明市场领域名字中的一些，但只有一个确定会让你成为名单上的一员。

如果你分析它们主页后面的计算机代码，你会找到"空间"这个词的 50 多个实例。它在那里，一遍又一遍，因为潜在客户打算用这个词作为他们搜索的一部分。

界定最佳市场领域的另一个缺陷是倾向于"让狗摇尾巴"。市场领域告诉潜在员工、客户、捐助者、投资者以及你所选领域的其他人。尽管你想要你的产品和服务适合内行，但不要让外行模糊或扭曲了你的注意力。

举个例子，如果你是个 99.99% 的玻璃容器制造商，不要担心你是否可做一些塑料瓶或瓶盖。除非你计划大幅扩大塑料业务，它无须成为描述"我们做什么"的一部分。

卡特彼勒（Cateprillar's）的家族可以追溯到1904年，当时的霍尔特（Holt）制造公司制造了第一台履带拖拉机。

卡特彼勒的业务领域从"拖拉机"到"掘土和建筑设备"再到"掘土和建筑设备及服务"，但并没有就此止步。

卡特彼勒添加了金融产品和新服务，如物流，成为占主导地位的发电机和发动机制造商。他们的业务领域变得非常广阔以致于不切实际地将所有产品添加到列表中。所以他们跳跃了一步。

他们把自己选择的领域重新界定为"建筑商和规划师"。优势是什么？建筑商和规划师认为卡特彼勒提供新类型的产品和服务。

拖拉机

掘土和建筑设备

掘土和建筑设备及服务

掘土、建筑和发动机

设备、发动机、物流、维修和金融服务

建筑商和规划师

集中化或多元化

你必须做出的选择之一是把公司的业务界定为集中还是分散。你的业务越集中，越容易解释清楚和被人们记住。卡特彼勒曾经被界定为拖拉机公司。很简单。苹果被界定为计算机制造公司。它们的市场领域甚至是它们法律名称的一部分。

但绝对的集中并不总是可能或最优的。虽然它可能开始于单个产品或服务，但许多公司随着时间变得越来越多样化，越来越复杂。这样选择伴有增长和变化的市场领域将更具有优势——不必将每一步扩张都告诉世界。

领域越广泛，你的产品和服务的潜在客户就越多。

无论你的战略是集中化还是多元化，你都必须找到一种方式占领自己的市场领域和获得自己的目标客户。

当 OXO® 开始进入市场时，它可以选择"厨房工具"这一相对狭窄的领域竞争，但它的目标是"手工工具"这一更广阔的领域——通过"通用设计"的理念区别于其他领域。

从一只土豆削皮器开始，OXO® 已设计了 750 多种手工工具（如 Good Grips®）。

OXO® 多年来已将其领域扩展到几乎所有的家庭项目（或家庭办公室），通用设计使得"日常生活更容易"。

领域　**研讨会**

考虑将领域研讨会模块与这本书的其他部分相结合。这对团队有效使用时间是个好方法。

没有研讨会界定领域也是可能的。采访之前讨论范围内的人，做好准备工作，你应该能得到一个强有力的结论。

像 1、2、3、4 一样容易

界定品牌领域并不复杂。举办一次研讨会。你需要参加者涵盖公司各项业务，包括来自不同地理区域的人们也很重要——"标准术语"可能因州而异，因国而异。

参与者应该包括商界领袖、销售人员和营销总监。他们了解市场，并具有决定什么是最好的影响力。

1. 准备

充分的准备可以加速这一过程。审查你自己的和竞争对手的网站、年度报告、功能说明书、行业分析报告和其他容易获得的材料。注明用于声明"我们做什么"的常备术语和短语。在许多情况下，有一个被所有人使用的明显领域。

为研讨会参与者准备材料。(让他们读这本书!)

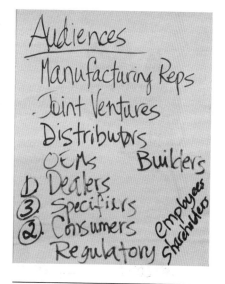

明确/界定关键听众,是你选择领域的一部分。优先考虑那些听众。

2. 界定你的听众

不知道你和谁谈话就界定术语是不可能的。"模式经理"对外行来说看起来像胡言乱语,但对医院管理人员来说就很明白。

花时间列出并优化你的品牌的关键听众。他们可能包括未来员工和客户,也可能包含监管者、股东、有影响力的人、合作伙伴和其他人。一旦你知道谁在听,你就能评价对他们最有用的是什么。

3. 列出所有显而易见的选择

在大屏幕或白板上写出标准术语或短语。当每个人都能看到原材料时,更容易引发头脑风暴。

4. 选择

花一小时时间讨论一下可能的利和弊是什么。如果你面前有一箩筐术语,看看是否有个简单的、概括性的术语可以代替。

考虑不明显但同样直截了当的领域。OXO® 的辉煌在于其理解普遍优越的"握力"是其产品和品牌领域的核心。它们基于简单的洞察力,构建了标志性的全球品牌。

一旦你用尽所有可能性——就进行选择。再说一遍,这不是发明,而是选择。

定 位

每个领域都有许多参与者。你的
竞争力取决于与你品牌相关的属
性。谨慎地选择和管理它们。

品牌定位

品牌定位的含义与它听起来一样：就是一个品牌如何在与它相关的品牌中定位。

例如，政府雇员保险公司（Geico）定位于低成本、友好的，替代比较古板的竞争对手。美国运通公司把自己定位于总是站在成员背后的金融领导者。虽然这些及其他品牌利用特征来区分自己，但通过品牌定位能使它们的供给产品更加独特和相关。

品牌特征是由组织内部特性决定的，领域受到关键听众所理解的约束——但定位受到内部和外部力量的双重影响。

在这一章节，我们将探讨如何确定一个品牌的最佳定位。

关于为何需要沟通的具体原因，对于一个目标听众来说是最重要的。

当你有不同听众，而他们可能有非常不同的选择标准时，定位就变得棘手。"选择的驱动力"也会随着时间改变，这意味着定位也必须发展。

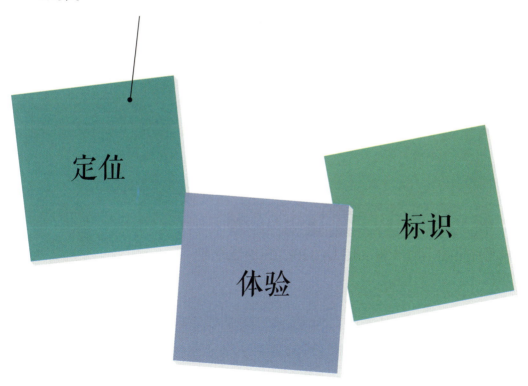

jetBlue®

McKinsey&Company

The Container Store®

The Original Storage and Organization Store®

品牌领域——一个简单的框架

当你想到一个品牌，脑海中会呈现出什么？它经营的规模庞大吗？它是特定范围内的产品和服务吗？是一种做事方式吗？是品牌背后人们的技能吗？或者，是一个明确的目的或使命吗？

每一个领域——资产、供给、方法、技能和使命——都是可以帮助我们理解品牌基本性质的典型。尽管所有品牌涉及大部分领域，但最好的品牌集中在一个或两个。

一些领域更可能适合某些行业：以方法或技能为基础的工业、批发业或租赁公司；慈善使命、政府机构和政治运动。但并非总是如此——或总是最好的路线。

3M 从提供成千上万的极强黏合性的产品开始作为一个品牌，但它现在把发展方向定位于"实践创新"。安飞士（Avis）依赖其庞大的资产——停车场和车队——在汽车租赁行业进行竞争，但它把自己的方向定位为"我们更努力"。塔吉特（Target）因专注于设计而不是产品范围和成本而著称。事实上，如果你想脱颖而出，你可以证明不太明显和拥挤的定位领域是个优势。与界定市场领域不同，一点想象力在这里也是一种资产。

所有定位领域都是可行的，并具有同等价值的——唯一的考虑是哪个最适合，成为组织最大的竞争优势。

记住，定位不是静态的。随着组织和市场的发展，品牌定位也要发展。

如果他们已做好工作，你应该能够把左页中的每个品牌与其选择的领域联系起来。

资产

供给

方法

技能

使命

如果你连续地从有形到无形安排这五个领域，你会对确定品牌的定位有个简单且强有力的框架。

正如你所看到的，一个界定良好的品牌将有一个重心——即使它稍微倾斜到相邻领域。

我们总把家得宝（THE HOME DEPOT）想象成为附近的一个巨大的商店，里面的一切都需要自己动手做东西（DIY）。康泰纳零售连锁店（The Container Store）显然专注于容器。捷蓝航空（jetBlue）对空中旅行有独特的态度和方法。麦肯锡公司（McKinsey & Company）因人才及每个契约带来的技能而著名。美国红十字会（American Red Cross）明确地确定一个使命。

资产
我们拥有和
控制

供给
我们的产品
和服务

　　定位于资产的组织不能在没有理念的基础上运转。也没有一个公司在没有产品和服务的前提下通过独特的方法成功。定位是"矛的尖头"，是你的目标客户联想起品牌的清晰明锐的区分点。

McKinsey&Company

方法
我们如何做
事情

技能
我们应用的
技能

使命
驱动我们的
理想

成功的品牌表明立场，它们拥有拥护者和批评者。

在以下五个领域构建任何一个成功的品牌都是可能的。没有一个从内在优于其他。但是，如果有的话，也很少有组织能成功地在五个领域竞争。这里有五个界分自己领域的水品牌。

……只来自精挑细选。

波兰泉
(Poland Springs)

……添加维生素和矿物质的一系列味道。

维他命水
(Vitamin Water)

资产
我们所拥有和控制的资产

供给
我们的产品和服务

失败试图将一切给每一个人，没有人非常关心它们。

更好水分的溶液。™

碧然德

(Brita)

世界上最重要的水处理专家就在你的社区里。

康丽根

(Culligan)

倡导改善北美的水的质量和供应。

美国自来水协会

(Ameican Water

Works Association)

方法
我们如何做
事情

技能
我们应用的
技能

使命
驱动我们的
目标

定位属性

定位属性足以容纳很多很多竞争品牌。差异体现在描述每个品牌的具体属性。例如，基于资产定位的公司可能取决于"无与伦比的专利组合、私人所有权和经验丰富的员工"，而另一个则吹捧有大规模设施、雄厚的财力和为"世界 500 强"服务。两个品牌都以资产为中心进行定位，但没有人会认错它们。

仔细看下面的示例列表。你会注意到有相互矛盾的属性，像"高价值"和"溢价"、"多元化"和"专业化"。

这是因为属性列表显示了一系列客户、员工、合作者、投资者和其他关键观众认为重要的东西。不幸的是，并不是所有观众都受相同属性支配，他们有时会有相冲突的需求。

请确保你的列表包括每个潜在供应商可能声称的所有属性。例如，如果你在寻求一名财务顾问，你需要研究许多应聘者提供的资料。有人可能声称通过"专业程序"得到卓越成绩；另一个则声称有深厚的研究背景；第三个主要代表"道德和环保"投资。所有这些属性都归属于这个行业的各个领域。

被一个领域所有重要属性填充的定位地图是任何品牌定位的一个重要起点。

业务年限
市值
员工人数
场所数量
车队
专利
证明书
客户数量
技术基础设施
上市公司
民营公司
所获证书
大规模
员工任期
客户保留
裁员
供应商网络
经销商
低成本
世界级

产品/服务范围
产品/服务重点
可靠的产品/服务
高价值
便宜的
溢价
限量版
尺寸变化
风味变化
包装变化
外观和感觉
气味
声音
可移植性
散装
适合年龄
适合生活方式
网络
结构
设施

资产

我们所拥有和控制的

供给

我们的产品和服务

这些可能是适合这五个领域的属性的例子。

合作的	行业专业	知识提高……
像合作伙伴一样	对你高度信任	倡导……
灵活的	持续培训	推进……
不间断的	跨学科	结束……
第一次做对	多元化	启用……
文化敏感	专业化	战斗……
"环保"	有名的员工	捍卫……
快速成型	与领导关系好	保留……
谨慎/防弹	能够参与整个组织	拿回……
过度的	伟大的领导	重铸……
清楚的命令链	快速学习者	
学院的	证明/认证/许可	
总部位于美国	罕见	
跨国公司	独特的	
全球化		
严格的质量控制		
鼓励实验		
不断发展的		
直截了当，简单		
可以迅速规模经营		

方法
我们如何
做事情

技能
我们应用的
技能

使命
驱动我们的
理想

| 定位 | 研讨会 |

每张便笺都包括受众
及其属性。

EMPLOYEES
Approach

Tradition of Promoting from within

CUSTOMER
Approach

Ads like a partner not a vendor

INVESTOR
Approach

Follows best practices in governance

Customers

Dealers

Assets
What we own
and control

Offer
Our products
and services

Approach
How we
do things

Skills
The skills
we apply

Mi
The
that

Assets
What we own
and control

Offer
Our products
and services

Approach
How we
do things

Skills
The skills
we apply

Missi
The ideal
that drive

1. 准备

利用观众旅程、访谈、研究报告、战略计划、身份信息、理念和经验（分为属性）来填充适当的定位领域。

这比你想象的要容易。对出现的属性进行简单的收集和排序——使用第 102~103 页所列的主题为指南。记住，你是从每个受众的角度提取这些属性，而不是把它们限定在一个组织吹捧的那些地方。你要获得构成该领域的所有主要属性。

归纳这些属性。如果你看到"百年企业"，认为"这是行业先驱"或"行业的长期生存者"。每一种产品类型列表将变成"一系列综合产品"。"我们五个业务单位的密切配合"将简单地成为"跨业务单位的密切协调"。

为每个受众准备一张定位属性表格。这将允许你评估你所选领域的每位受众找到选择的相同点和不同点。

如左页所示，对印有单个属性的便笺分组，分为资产、供给、方法、技能和使命，包括每位受众及其属性。你甚至可以通过受众用不同色彩作标记。在研讨会之前很容易把它们分类到大泡沫板，但你只用一面长墙或窗户就能安排这一练习。

定　位

研讨会

1. 准备

2. 框架

3. 头脑风暴

4. 潜力、重要性、适合（P.I.E.）

5. 提炼

6. 工艺

7. 表达

为每位受众创建一个定位属性表格。不同受众可能会有相当多的重复的属性，这也是可以预料到的。

定位　研讨会

2. 框架

　　本章利用示例和框架加速工作组的进度。定位是品牌定义最复杂的领域之一，但它与业务战略发展密切关联。对品牌等"软"学科价值持怀疑态度的组织，这个练习也是一件令人惊异的事情。

　　它有助于在准备阶段利用团队的主要成员。它们与研讨会的结果利害攸关，并能帮助这一过程中的同行。

"一旦团队理解我们所做的战略影响，他们开始从新的角度看品牌。"

定　位

研讨会

1. 准备

2. 框架

3. 头脑风暴

4. 潜力、重要性、适合（P.I.E.）

5. 提炼

6. 工艺

7. 表达

借鉴这本书中的例子，为定位研讨会提供背景。

定位	**研讨会**

3. 头脑风暴

即使有广泛的先于研讨会的准备，团队也需要添加每个定位领域的属性数组。让他们审查和讨论已有的东西，然后进行头脑风暴，确定少了什么。

重要的是，强大的属性都浮出水面。提醒团队、客户和其他受众考虑他们想要的和需要的——所以，他们不应把属性仅限制在他们认为自己组织能提供的那些。

头脑风暴会议是推动潜在属性边界的理想场合。开始时的列表主要依据已有的东西。但未来领导人可能带来推翻旧方式的创新。要求团队考虑添加他们认为可以推动产业的新思想。

本工作大约需要一小时。鼓励和推动团队，直到他们失去精力。

当他们完成工作后，便笺上的序列看上去令人生畏：显然太多的想法是可行的。不要担心，下面的步骤将为得到真正重要的属性提供一个框架和方法。

在继续下一步——潜力、重要性、适合之前，让团队短暂休息一下。

团队应为预先准备的序列添加一些属性——填补先于研讨会序列的任何空白。鼓励团队考虑以前没有用于自己领域的想法。

定　位

研讨会

1. 准备

2. 框架

3. 头脑风暴

4. 潜力、重要性、适合 (P.I.E.)

5. 提炼

6. 工艺

7. 表达

定位 **研讨会**

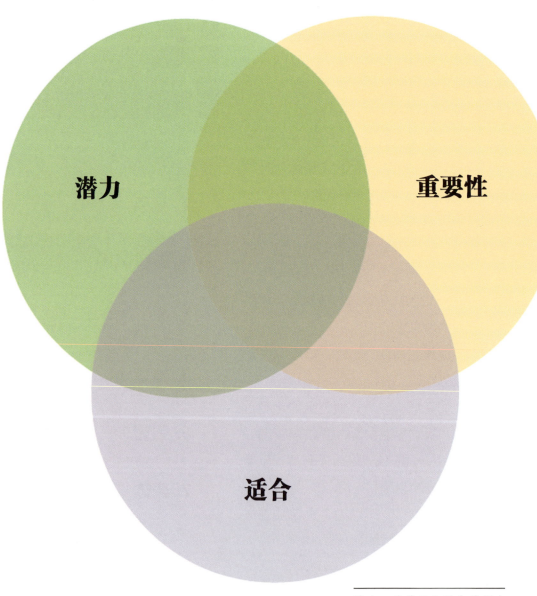

潜力、重要性和适合是强大
的品牌属性的所有关键措施。

4. 潜力、重要性、适合(P.I.E.)

长长的属性列表没那么有用。尽管它们给你构成一种什么属于该领域的认识，你仍需要识别出最强有力的属性来获得真正的竞争优势。界定理想属性有三个维度——潜力、重要性和适合，即 P.I.E.（Potential，Importance and Ease）。

潜力是一种属性对抗另一种属性，促使你的关键受众做出选择的相对杠杆。把品牌等级提高到"把我的利益放在首位"会比"我附近的场所"赢得更多业务吗？还是努力成为有名的"市场上最便宜的产品"将获得（deliver）最大的回报呢？

不幸的是，提高某些属性的评级给你带不来什么。如果你已经被视为拥有足够近的场所，你告诉我再添加更多就是一种资源浪费。

你想通过改变思路和市场的最大潜力来选择属性。这是最爆炸的消息。

重要性或选择的相关性，是从最高到最低影响选择的属性排序。看看前十名，你就会很好地知道一个领域领先品牌至今仍占主导地位的原因。

适合是各种因素的综合。成本是其中之一。改善一个属性的评级很昂贵？再一次地，如果你想要"你附近的场所"获得最高评级，可能需要大规模的房地产。这是不容易的。

适合也是某个属性如何适应你的特征的一个措施。即使"顺利合作"是重要的，有很大潜力赢得客户，如果你的特征"冒失"多于"关心"，这绝非易事。

最后，适合是"认可"的一种措施。关键受众相信你能提供吗？如果沃尔玛说它将成为一个奢侈品商店，你会嘲笑它。这与它们是否这样打算无关，让你接受这种改变并不容易。

定 位

研讨会

1. 准备

2. 框架

3. 头脑风暴

4. 潜力、重要性、适合 (P.I.E.)

5. 提炼

6. 工艺

7. 表达

定位 **研讨会**

远景是纯潜力属性，在现今
促使选择中不重要，如果改
善将显著增加市场份额，但
进展起来困难且成本高。

根源在现今的驱动选择中是
非常重要的，如果改善该属
性将显著增加市场份额，但
进展起来较困难且成本高昂。

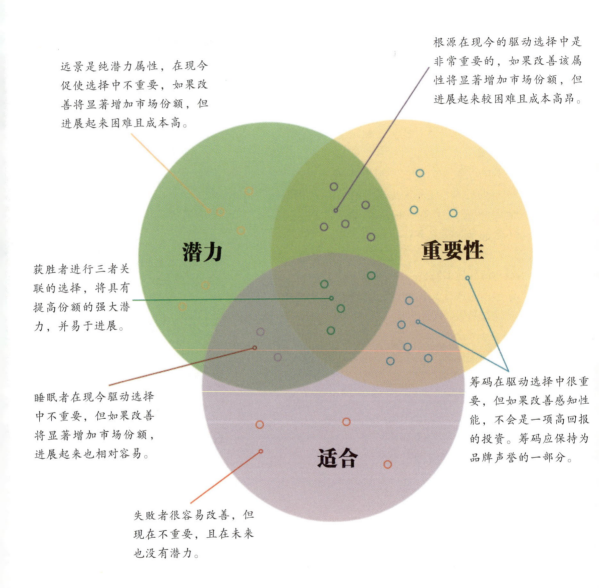

潜力

重要性

获胜者进行三者关
联的选择，将具有
提高份额的强大潜
力，并易于进展。

睡眠者在现今驱动选择
中不重要，但如果改善
将显著增加市场份额，
进展起来也相对容易。

筹码在驱动选择中很重
要，但如果改善感知性
能，不会是一项高回报
的投资。筹码应保持为
品牌声誉的一部分。

适合

失败者很容易改善，但
现在不重要，且在未来
也没有潜力。

研讨会工作坊将评估长长的属性列表，以识别出那些具有最大潜力、重要性和适合的属性。它们需要依赖在检查阶段得到的经验和智慧。

少数属性同时符合高潜力、重要性和适合。许多属性仅在一个或两个维度上具有较高比率。而一些属性一个都不具备，应当丢弃。

将示意图中的属性予以分配——将那些能同时提供三个维度的属性放在中心的重叠部分。其他的适合一个维度，或适合两个维度的重叠。退一步，仔细看看这三个区域。

获胜者是在靶心的那些属性，是极其宝贵的品牌构建模块。它们对选择很重要，如果改善，可能赢得更多的市场份额，也相对容易实现。

睡眠者有点像百搭牌。它们是新创意、创新或通用，但不是很好。它们在当今市场上并不重要——只是因为它们尚未被引入市场，或没人想出如何正确实现它们。这就使得它们有潜在的突破性。

定 位

研讨会

1. 准备

2. 框架

3. 头脑风暴

4. 潜力、重要性、适合 (P.I.E.)

5. 提炼

6. 工艺

7. 表达

筹码是你在一个领域竞争必须提供但不能区分的品牌——像航空公司的"飞机舰队"的那些属性。你不会用筹码打败竞争对手。

这里有界定属性的关键区域，但不要忽略**远景**、**根源**和**失败者**。从它们那里都能学到一些东西。

定位 　研讨会

按照代表关键受众不同，把研讨会成员分为不同组。他们的任务是评估每个属性对它们的受众是否有高潜力、重要性并适合。他们可以利用自己的经验和从审计阶段得到的数据来做出判断。

如果你把单独的受众示意图合并到一个品牌范围的视角，你就可以看到哪些属性在全程是最相关和有用的。

一些组织通过研讨会完成潜在属性列表，并与参与者进行初步定性评价。然后他们进行定量研究确定评估属性序列的潜力、重要性和适合。

定 位

研讨会

1. 准备

2. 框架

3. 头脑风暴

4. 潜力、重要性、适合 (P.I.E.)

5. 提炼

6. 工艺

7. 表达

在这里，团队（视觉艺术学院品牌系专业研究硕士）分析四类受众。它们将被整理到一个单独的品牌范围示意图中。

定位　　**研讨会**

远景是纯潜力属性，在现今促使选择中不重要，如果改善将显著增加市场份额，但进展起来困难且成本高。

根源在现今的驱动选择中是重要的，如果改善该属性将显著增加市场份额，但进展起来困难且成本高昂。

潜力

重要性

获胜者进行三者关联的选择，具有提高份额的强大潜力，并易于进展。

睡眠者在现今驱动选择中不重要，但如果改善将显著增加市场份额，进展起来也相对容易。

筹码在驱动选择中重要，但如果改善感知性能，不会是一项高回报的投资。筹码应保持为品牌声誉的一部分。

适合

失败者很容易改善，但现在不重要，且在未来也没有潜力。

5. 提炼

一旦你把所有属性绘制到地图上，着重观察中心的获胜者以及潜力、重要性和适合三者交叉处的"睡眠者"。同时，这是代表驱动选择的最大可能性和力量的属性。

如果你想要考虑较少直接回报但具有长期价值的属性，看看根源。它们值得考虑，但并不容易成为品牌意义的一部分。

当你提炼出最强有力的属性时，你已得到与关键受众相关的实质，并且组织也能触手可得。

别忘了标注在重要性圆圈内的所有属性。你不会因它们赢得市场，但你必须为大多数保持合理的性能，否则，你甚至不会有机会去竞争。

不要指望许多属性能通过 P.I.E.过滤器。事实上，你最好用少数属性。较少的元素就能很容易把品牌定位。

定 位

研讨会

1. 准备

2. 框架

3. 头脑风暴

4. 潜力、重要性、适合 (P.I.E.)

5. 提炼

6. 工艺

7. 表达

当提炼出最强有力的属性，就专注于同时具备潜力、重要性及适合的获胜者和代表可实现的发展的新思想及有潜力改变整个行业的"睡眠者"。至少，计划保持重要性的属性。它们是所有竞争对手必须付出的进入成本。

定位 **研讨会**

财富
○ 个性化
地位
自由裁量权
成熟
附加值的建议
优质产品

消费金融
○ 为"风险"客户提供贷款
简单的付款方式
快速审批

○ 位置方便

○ 全球网络
灵活性
反应敏捷

商业

零售

○ 无缝服务

○ 全方位提供
○ 值得信赖的

○ 平易近人
可靠
强

○ 行业专业知识

运用你的属性地图考虑可替代的品牌策略。可行的方法不止一个。例如，花旗银行（Citibank）将品牌用于零售、商业、财富、资产管理及其他业务。另外，美国银行（Bank of America）把财富和资产管理业务放在美林证券（Merrill Lynch）品牌下面。无论你的策略是什么，比如消费金融的示例，应有自己的独立品牌。把它们都放在核心品牌下面，太困难且风险太大。

保险

○ 性能一致
质量流程
专家
物有所值

资产管理

○ 创新
优质产品
全球研究

○ 物有所值
保守
严密的安保程序

一些组织在业务上保持多样性就会存在合法性问题，如它们是否应该在一个单一的"主品牌"下运行。

确定从部分到整体（品牌结构）最优关系的一种方式是绘制对每个主要业务种类都最优的属性交叉点。这是一种双重提炼的方式。

建立一个像左页那样的示意图，标注出每个业务范围的关键选择驱动及它们在哪里重叠。

一个包含零售、财富、商业、批发和保险业务的金融服务公司可能会调研其投资导向业务是否需要重视服务和性能属性，尽管其储蓄和保险业务项目必须安全且稳定。

你一旦"填充"完示意图，它应变得更清晰：业务种类是什么以及如何分配选择的关键驱动。

许多业务种类的公司必须权衡一个针对所有（或大部分）业务的强大、统一的"主品牌"与由多个品牌创造重点之间的优势。

共享核心属性的业务能共享相同品牌。部分重叠业务范围最好仅得到主品牌的背书。寻求完全不同客户的业务可能需要自己的品牌。

定 位

研讨会

1. 准备

2. 框架

3. 头脑风暴

4. 潜力、重要性、适合 (P.I.E.)

5. 提炼

6. 工艺

7. 表达

定位　研讨会

合作关系

是灵活的。
是合作伙伴而不是供应商。
推动产品需求。

创　新

加速进展。
推动创新。
处于领先技术。
具有优越的产品。

可靠性

总是满足你的需要。
是可靠的。

经　验

当你需要它时，提供技术建议。
具有知识渊博的人。
了解这个行业。

6. 工艺

　　只有一个经仔细考虑的具有相关和强大的属性的列表是不够的。它们必须与你所有最重要的受众相关，有一系列的意义和显示一致相关的主题。

　　如果你已做好评价适合品牌特征的属性的工作，你将会发现它们完美地适合你是谁，而不只适合你做什么。

　　你需要使用这里的属性，正像你对待特征特性那样。无须把它们减少到三个——但要确保你选择的属性相辅相成，使得整体大于各部分。从各元素构造一个想法。

　　品牌定位不是绝对的。对品牌可以有不止一个有效的立场。只要依据正确的元素构建你的想法。

　　敲定一个品牌定位工作之前，市场领域、特征和属性工作将考虑聚焦和调节各种要素。

　　避免进入试图创建一个完全独特的定位的陷阱。契合一个市场领域与坚持同样重要。你的目标是赢得和留住比以前更多关键受众的支持。

这些属性通过使用潜力、重要性和适合提炼出来。它们代表强大的定位元素，但一个列表是不够的。当聚集后，合作关系、创新、可靠性和经验等强大主题就会出现。把这些看作潜在的定位构件，与特征和市场领域一起，作为一个更好的品牌的基本要素。

定　位

研讨会

1. 准备

2. 框架

3. 头脑风暴

4. 潜力、重要性、适合 (P.I.E.)

5. 提炼

6. 工艺

7. 表达

定位	**研讨会**

专业知识与责任

(**Kompetenz und Verantwortung**)

谨慎地改变这个世界

(**Changing the World with Great Care**®)

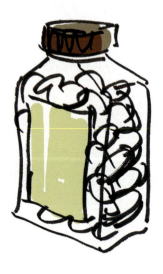

"自从我们在 100 年前引入阿司匹林，拜耳公司一直致力于谨慎地改变这个世界。"

7. 表达

找到表达想法的合适的方式需要时间和精力。但当它合适时，你就找到了推进重新界定组织的新想法的强有力的工具。研讨会是探索可能性的好地方——之后初步的结合可以进一步磨练。

这个过程的一个例子就是拜耳在美国的品牌定位发展。作为第一次世界大战赔偿的一部分，总部在德国的跨国公司失去对拜耳品牌的控制。这是美国人发音为"bear"而不是"buy-er"的原因，并认为公司所做的一切是生产阿司匹林。

美国之外的拜耳公司在"专业知识与责任"的品牌定位下运作。其使命的属性界定是通过医药、卫生技术、动物保健、农业及其他更为普遍的拜耳业务（包括在美国业务）来改善世界。共享是一个文化的最重要的纪律并保护新产品的引入和发展。

但是，定位的清晰度必须适合美国受众。这就是"小心翼翼改变世界"产生的原因。它的意义非常接近德语的表达，但不是一个直译。拜耳公司认识到它必须重新考虑措辞，使其具有在美国能被理解和接受的独特文化和使命。

定　位

研讨会

1. 准备

2. 框架

3. 头脑风暴

4. 潜力、重要性、适合（P.I.E.）

5. 提炼

6. 工艺

7. 表达

目标是表达一个简单而优雅的陈述，其可抓到组织可辨别的竞争定位及独特的特征。

拜耳本可以将其全球定位简单翻译用于美国市场。相反，它用"专业知识与责任"的理念重塑定位声明，其用与美国受众相关的方式抓住公司的特征和属性。

定位　**研讨会**

短片是一个传递新品牌定位的极好的方式，甚至一个简单语音和音乐的粗加工就可以把品牌理念导入生活中。

粗加工可以随着品牌进一步发展而精炼——为组织内外引入新品牌项目提供很好的工具。

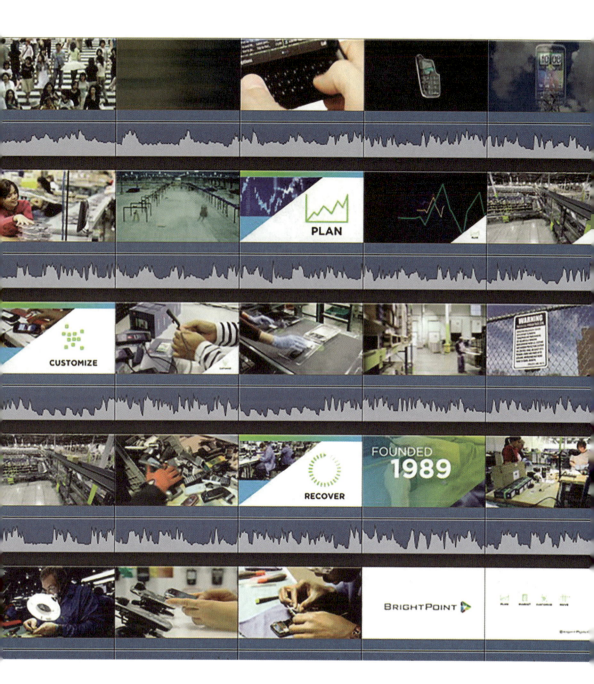

与拉客者的助兴表演不同，如果他们
想得到客户的回报——建立忠诚度，
另外，品牌管理者必须兑现承诺。

体验是不可否认的

有些人认为品牌是一个诡计，是一种操纵。有可能存在这种情况。"虚张声势"的品牌吸引我们，但却无法公开。它们是令人信服的，但不是真的。这对无良企业是个可行的策略，对不依赖于留住客户的企业是个经济模型，对"完成销售"的企业而言是不需要的。

但对于大多数组织，其品牌必须引人入胜和蓬勃发展。它们传递的体验与它们的承诺应当匹配——最好超过它们的承诺。

在这一章节，我们将基于你对品牌的界定探索如何塑造理想体验。这种模型可以指导品牌在真实世界中的规划与发展。

始终未能兑现品牌承诺将导致它的消
亡。这就是要从方方面面思考品牌体验很
重要的原因。

大品牌开发和综合测试品牌体验的模
型——认真聆听关键受众的反馈。然后，
它们重新启动策划，培训员工与合作者，
使现实世界的品牌体验得到进一步发展。

定位

体验

标识

重塑体验

　　模型被用来探索可能性、解决技术问题和评估，并支持复杂且昂贵的项目。当尝试存在争议、创新、费力或三个问题都存在时，模型就显得特别重要。

　　当你构建品牌项目模型时，你正在回顾旅程及关键受众的整个体验。当他们的学习、选择、互动与你的品牌紧密联系时，你需要模仿他们的所看、所听、所感和所嗅。

　　运用调研阶段的"品牌之旅"作为重塑体验的基础。

建模的优点之一是可以在不同水平和深度反映现实。在某些情况下，草图已足够：而在其他情况下，一个小模型就可以完成。

体验 | 研讨会

启动
中断
继续

1. 重塑旅程

重塑品牌之旅的最有效途径之一是从组织中集合各式各样的人群开展品牌体验研讨会。

通过品牌市场领域、特征及定位工作集合小组，回顾你在调研阶段开发的观众旅程。然后开展头脑风暴讨论如何重塑体验。

什么合适，什么需要改变？组织有什么新想法吗？受众感觉你在哪里信守或破坏了新品牌承诺？使用词语和草图来捕获想法。

从本质上说，该组织已决定将启动、中断和继续创建一个对其品牌真实的引人入胜的体验。

华盛顿中心（TWC）是华盛顿及其他地方进行学术实习的首要中心。作为一个雄心勃勃的五年计划的一部分，他们检查其使命、方法和营销的方方面面。

华盛顿中心的工作人员讨论学生、雇主合作伙伴、附属学校、捐助者和其他人的体验如何改变。

体 验

研讨会

1. 重塑旅程

2. 优先考虑的想法

3. 为未来建模

4. 测验

5. 嵌入

体验　　**研讨会**

学习

选择

互动

联系

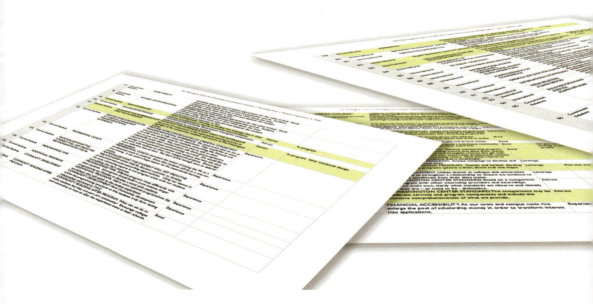

2. 优先考虑的想法

研讨会通过校准和改善由受众和前一阶段（学习、选择、互动和联系）收集和组织的品牌体验而产生新想法。

你可能会有太多想法想立即实现。出于优先考虑，先与研讨会的受众座谈。

你会调研一些处于相对良好状态的受众，只需要稍微做一些改变。其他人可能陷入困境。例如，我们常常调研，一个组织在"学习"和"选择"阶段占优势，但在提供后续服务和沟通方面较弱。其他组织在建立客户忠诚度方面做得很好，但在获取客户方面能力不够。

成本和适合也应该被考虑。许多想法可以立即付诸实施。但一些想法可能需要几个月甚至几年的努力和投资才能真正付诸实施。

优先选择你的想法——短期、中期和长期——将成为下一步的基础：为未来建模。

华盛顿中心开发了数百个潜在想法来改善它们的服务和品牌体验。
这些想法被优先转入列出具体时间、成本和责任的工作计划。

体 验

研讨会

1. 重塑旅程

2. 优先考虑的想法

3. 为未来建模

4. 测验

5. 嵌入

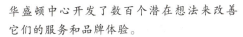

体验　研讨会

3. 为未来建模

　　将想法转化为表达和行动并不容易。这需要专业的经验和人才。就像前面描述的研究方法，你可能需要专业帮助。

　　但是，即使你不是一名训练有素的营销人员、设计师、作家、组织专家或程序设计师，你也可以监督和指导这个过程。事实上，应培养组织合作精神、创造性和战略性能力，使其能够从华丽的品牌程序中分离出平庸。

体 验

研讨会

1. 重塑旅程

2. 优先考虑的想法

3. 为未来建模

4. 测验

5. 嵌入

杜邦公司分拆其合成纤维企业的决定把高风险的过程转化为行动。挑战是什么？将价值 62 亿美元的企业合并到一个有凝聚力的新实体和新品牌中。这意味着为世界最大的独立整合合成纤维业务创建一个战略品牌定位，建立一个新的名字和身份，并为新生巨头如何看、听和行动发展一个可行的模式。甚至在它有新名字"英威达"之前，组织已模仿它如何从世界一端到另一端讲述故事——从开始到结束。

体验　**研讨会**

为品牌的未来建模不是商标发展。尽管标识发展可以融入这个过程（见下一章"标识"），但其目的是探讨如何把品牌变得更好。

你要记住，你在规划一个完整的旅程，不是一系列不同的事件。考虑：在一段时间内会发生什么？组织创建的短期、中期、长期印象是什么？无论在哪里，品牌怎么展现一个强有力而连贯的声音？

不只考虑表面变化，要大胆、重组业务、收购公司、聘用新人才、摒弃过时想法和生产线。

记住，这是个无风险的模拟。

探索不止一条前进道路。借此机会扩大可能性。不要拒绝局外人，你需要的是把想法变成现实的人才和"画笔"。快速捕捉想法的精神实质。

举出一系列的例子说明每个关键受众的旅程。与组织的领导层及关键部门审查和提炼这些例子。把这些例子带到他们的战略基础中。

一旦你彻底探索什么是可能的，你已准备好下一步：概念测试。

为品牌的未来建模有点像搭建一个舞台布景，能足够完整地讲述一个令人信服的故事。

体 验

研讨会

1. 重塑旅程

2. 优先考虑的想法

3. 为未来建模

4. 测验

5. 嵌入

体验　　**研讨会**

4. 测验

你现在拥有了测试一个新品牌未来发展的模型所需的一切。

（1）你已界定品牌的市场领域、特征和定位，所以，总体上，你知道组织所做的一切已经传达了什么。

（2）因为你的定位想法建立在离散的属性上，所以你拥有富有设计、有意义和有效的定量研究的思想基础。

（3）客户及其他受众的体验模型可用于测试和衡量清晰度、相关性、独特性、可靠性及积极影响行为的能力（如购买你的产品、为你工作、投资，等等）。没有什么比清晰的例子更能得到清晰的反应。

从小事做起。与一部分员工及外部受众一起工作以得到品牌建模的反馈。这给团队在变成更大团体之前修复明显错误、添加想法及细化例子的机会。

如果组织特征需要确定性，或者风险太大容易跌倒，就进行一个更大规模的量化研究。这是给未来变化带来确定性的唯一途径。无论测试多么严谨，不要把反馈错当成重新定向。这个过程只是在论证总体方向和策略的合理性。本研究的目的是确保被提议的品牌工作传达什么意图，具有创造性和可操作的变化。

测试能很好地消除组织中的反对者和怀疑者的恐惧。但总的来说，用这个步骤来完善你的方法。

体 验

研讨会

1. 重塑旅程

2. 优先考虑的想法

3. 为未来建模

4. 测验

5. 嵌入

体验　**研讨会**

5. 嵌入

把品牌工作嵌入到组织的文化和工作流程中很有必要。品牌体验的发展、改善和监控不是一个一次性的项目。它是一个持续的过程，必须成为组织构造的一部分。促使品牌体验起作用需要努力和时间。

对内部受众来说，从一系列会议开始，回顾品牌工作。使用你已做的幻灯片和演示文稿。

你需要发布核心材料，以相关和引人入胜的方式代表组织及其品牌。为给予每个参与者启迪，你会发现，投资少数精美的设计类出版物可以取代数十种劣质且碎片化的材料。

嵌入品牌管理工作不仅需要好故事和材料，还需要培训、奖励、保护创建品牌的人。目的是让推进新品牌成为每个人工作的一部分——重建组织做事的方式。

一些组织创建专门的品牌培训项目。其他组织把品牌基本原理注入员工培训——我们是谁和我们做什么以及与其他组织的不同点。

一个有较大凝聚力的品牌的通常障碍是没有分享过程的论坛或机制，并在程序、产品和沟通的发展上有较少协作。结果是不和谐的。当你完成本书的品牌构建元素时，你实际上开始创建需要跨越各自局限而共同努力的机制。

使这些机制——审查品牌旅程、监管重要信息、调整行为和承诺——成为组织做事情的持久部分。

华盛顿中心需要重新向自己、校友、合作者和未来学生讲述它的故事。新品牌项目随着核心材料、项目和程序改变而启动——上下线。一切都需重新考虑和重塑。

体　验

研讨会

1. 重塑旅程

2. 优先考虑的想法

3. 为未来建模

4. 测验

5. 嵌入

标　识

标识是一个可以被注册和保护的
品牌含义的容器。

品牌标识是什么？

　　品牌标识是投影和反射的综合体。投影被"品牌管家"精心设计、监控和调整，反映了组织内外人们的观念和欲望。

　　社交媒体影响了这种平衡——强化他人塑造品牌的能力。但群众的力量并未否定组织自己界定命运和品牌的力量。品牌的阴阳只是变得更加平衡。这使得品牌变得更好。

　　在这一章节，我们将看看如何设计一个有效并持久的品牌标识——该标识与品牌的特征和目的相通，引起世界上更多人关注。

特征

市场领域

标识是理解品牌的最好要素——或许最被高估。它是品牌的名称和标志。它是使得每个人都能联想起来一个组织的一种独特颜色或声音。它必须是独特的、令人难忘的、受版权保护的和恰当的。它是应该被关注和记住的东西，它是品牌的脸面。

认出一个品牌标识可能远远早于你知道这意味着什么。

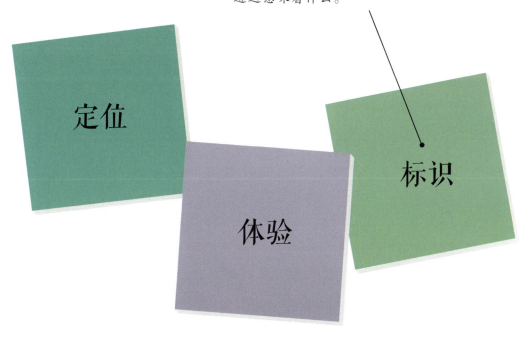

如果你一直跟随这本书的思路，你已经知道品牌体验是指品牌在现实世界的表现。在某种意义上，它是标识的内容。品牌标识是品牌内容和含义的容器。

如你所知，创建品牌是标记财产的一种方式——主张所有权。商标，后来又制定了"商标法"，被用来保护含义的所有权。

如果品牌体验是标识的内容，

那么品牌标识就是它的容器。

就我们的目的而言，标识包括品牌含义所有的核心要素。

BRAND IDENTITY

149

优化现有的品牌标识，你需要至少考虑五个基本战略维度。

净值——现有品牌要素的价值。改变现有标识是一个商业和文化的双重决定。要素和形式可能客观上需要发展或被取代——但你必须考虑品牌认知损失和有些人觉得心爱的标识发生改变的情感损失。

匹配——品牌特征与定位需求之间的差距或对接。这本书概述了清晰品牌定义的发展——品牌标识匹配的基准。用这项工作评估你有什么与你需要什么之间的差距。保持标识与未来发展方向的一致性。

有效性——现有品牌要素的性能。除了品牌界定"匹配"的有效性，还要考虑技术有效性。标识能引起积极的注意吗？如何从竞争对手中辨别自己的组织？在新旧媒体中运行得顺利吗？在大小规模中都能保持清晰吗？组织内外的人们都喜欢该标识吗？

信号——你想一炮而红。标识通常是变化最直接、最明显的迹象。你想静静进化还是与过去决裂？引起强烈注意？将一切迅速改变还是在一段时间内改变？标识信号的强度可调整以适应战略参数。

成本——新品牌项目所需的资金、时间和注意力。对大部分组织来说，改变品牌标识的决定并不由成本支配——只是成本观念。

净值　值
匹配　配
有效　性
信号　号
成本　本

现实是这本书所述的各种品牌工作几乎与实质性的战略变化联系在一起。关于一个更好的品牌是如何吸引和留住客户、人才、投资者及其他人并不是微不足道的。这种努力的回报是实质性的，更大的成本通常是一个随着时间的推移会贬值的资本支出。

标识策略应被校准以平衡这些有时相互矛盾的维度要求。

当美国国家半导体公司（现在是得克萨斯州仪器的一部分）将它的品牌重新定位为"移动和塑造信息"的领导者时，并未计划改变商标或企业标识的其他核心要素。

它们想要保留股票名称和"类比波形"的符号。但当吉尔·阿梅里奥和他的团队权衡净值、成本、有效性和匹配时，他们做了一个大胆的举动，选择改变信号——引入一个新的"世界性标志"。

公司领导层也考虑过把名字缩短为"Nat-Sem"，但认为那样可能迷惑通常称其为"国家的"的那些顾客。通过保留老字号名称和重新设计反映未来的符号，组织能够设计一个完美平衡的标识策略。

该公司的原符号与标识项目令人感到过时和无关紧要。更新后的标识反映了在吉尔·阿梅里奥领导下的公司的新精神、策略重点和成功点。

品牌架构

　　品牌架构就是组织的各个相关部分构成一个整体——促进品牌、产品、服务和"品牌要素"的完善与定位。品牌架构是一个市场营销和沟通的结构，其无须匹配组织的报告或法律结构。

　　良好的品牌架构传递关键信息：

- 你希望客户认为实体是产品或服务的创造者。
- 如何把你所组织的各部分紧密地构成一个整体——一家公司、一个松散的联盟或一个完全不同的品牌组。
- 母实体的主要业务线。
- 母实体如何组织其产品和服务。
- 为品牌要素增加特定的意义或改善产品。

　　品牌架构包括以下最常见的几个结构：

　　主品牌。公司就是品牌，品牌就是公司。想想美国银行、哈雷-戴维森、巴诺书店（Barnes & Noble）或麦肯锡（McKinsey）。尽管生产线、服务线和单个要素可能是品牌，然而独特的主品牌占主导地位。

　　认可品牌。业务线和生产线，以及产品和服务，可能每个都获得自己的强势品牌。但它们不是孤立的，得到了主品牌的认可——成为某某品牌家族的一部分。这一结构给部门一些自主权，但仍有凝聚力。

　　它使得母品牌与其他品牌之间有一定的距离，但又带给它们母品牌商誉的好处。

　　品牌家族。一些母公司是监管者，让其品牌成为独立的实体存在。从市场的角度来看，每个品牌看起来都像一位家长。这种结构可能被私人股份公司使用，其拥有有品牌的多元化业务或消费品集团，如本杰里（Ben & Jerry's）。

　　这样做可以使一个公司出售完全不同的产品和服务，甚至是在同一个领域竞争多个品牌。例如：联合利华可以同时出售香水（AXE）和多芬（Dove）——这两个品牌从特征和定位角度讲是不相容的——因为很少有人知道它们共享母公司。

　　要素品牌。像英威达将莱卡等品牌作为产品和服务的要素。这种品牌结构非常灵活，甚至允许其他公司与它们自己的品牌结合使用。

　　混合品牌。许多组织使用混合的品牌架构。它们的大部分业务在单个的主品牌伞庇护下，一些业务是被认可的品牌，独立品牌或要素品牌。

　　研究你在定位分析中开发的品牌属性地图。它们展示了各个部分对关键受众而言如何在意义上密切相关。这对定义一个工作结构是个好的开始。但你需要考虑其他因素。

　　在设计品牌架构时，你应该权衡风险因素。未经证实的业务最好能作为认可品牌推出。同样，如果你计划分拆或出售一项业务，你应该把它提高为一个被认可的或独立的品牌。这会使它很容易被修剪掉，而无须牺牲它的市场认可。

品牌的各部分如何组合在一起？各
要素最优的层次结构和清晰度如何？
你需要建立一个单一的大品牌结构
还是数个较小的？

研究品牌架构并不困难。探讨你所在市场领域内外的品牌的企业及营销网站，你将看到每个组织是如何构建其品牌的。

公司网站将揭示品牌家族的隐藏结构（像联合利华）。面向消费者的网站以它们想要外界看到的方式展示品牌。

要素品牌，如莱卡和杜比，将被纳入许多网站——母公司网站和客户的产品推广网站，使用要素品牌的权益来提高自己的品牌。

一些组织选择一个混合策略，公司的主要部分是主品牌，同时允许一些项目拥有自己独特的品牌。

主品牌公司通常被称为"巨石"，因为它们是单个强大的实体。然而，它们都使用二级、描述性"术语"使其各个部门或业务线可见和易接近。

品牌家族被它持有的品牌界定。这种策略允许组织拥有多个品牌——甚至竞争品牌——每一个都有自己的特征、标识和战略定位。

要素品牌被设计得与其他品牌共存，同时增加了含义和价值。

159

外观和感觉

品牌理念必须转化为创造性表达。一个组织的标识要素（如标志）、交流、营销、空间和行为的重新设计、重写、重新构建及恢复活力的大部分工作都由专家完成。但组织中的每个人都应该明白界定品牌的理念与表达一致的重要性。

训练人们把想法和表达相连的最好方式之一是让他们参与这一过程。

创建一个广泛的外观和感觉的"闪卡序列"，我称之为"视觉卡"。选择暗示行为或沟通特征的短语。选择描绘大范围的位置、结构、字体、象征及彼此相互交叉的图像，包括从轻淡到柔和的颜色。你的视觉卡可以很多，排序可从精炼到繁复。

从回顾新品牌战略和定义开始我们的研讨会。把定义写在墙上，供大家作为工作的参考。

然后把参与者分成小组。给每个人一套"视觉卡"，一张信纸大小的纸和一支胶棒。

让团队决定每个图像是否适合市场领域、特征及品牌定位——是或否。将时钟设置倒计时 30 分钟，他们需要快速工作！

每个团队应精选"视觉卡"，选择那些能最好表达界定该组织品牌想法的——不超过一张纸。他们一旦确定——在时间到达之前——就应粘贴图像。

拍摄数码图像并把"视觉卡"拼贴画投射到一个大屏幕上。谈谈他们选择那些特定图像的原因。讨论各个团队之间的异同。

没有大胆的猜测就没有伟大的发现。
——艾萨克·牛顿
（Isaac Newton）

如果你从没做过，你应该做。这些是有趣的，有趣的是好的。
——苏斯博士
（Dr. Seuss）

这种讨论能帮助人们明白挑选视觉要素、选择词汇、指导与客户的互动，甚至办公室的设计不应该是不相关的、任意的行为。一切都必须以品牌为基准。

研讨会对实际开发品牌的前辈们也是有用的，可以让他们看到该组织跨部门和地区的人们是如何选择和应对潜在的标识要素的。

选择图像、颜色、概念和语言以适应品牌的特征和定位是将理念转化为表达这一过程的有效方式——甚至与非设计师在一起。

161

名称

名称是标识的主要部分。在交流中只使用一个符号的组织，它们的名字尽管不成文，但在观众心中能够被听到。

要评估现有名称或开发一个新名称的效益大小，你必须决定什么对完成名称最重要。名称是描述你做什么更重要？还是名称能反映来源于品牌定位的理念更重要？你想任意定义然后自动更新现存字符的意义？或者，你想创造一个独自拥有的稀奇新词或声音？

商标法中的技术性术语是通用的、描述性的、暗示性的、任意的和稀奇的。右边的清单是从最少保护到最多保护、从自我解释到令人困惑进行排序的（没有解释说明和认真的市场支持）。

商标不能是纯粹的通用名称。鞋子公司（Shoe Inc.）在今天无法注册（除非鞋子公司是松饼店的名称——它将被归类为一个任意的名称）。

创建名称是一个筛选的过程。你需要创建数十个，有时有数以百计的可能性。原因在于大多数已被使用——被同一行业类别（或分类）的组织使用。拼写差异并不重要；音调决定冲突。

在这里我们不用商标法，仅用简单的经验法则——如果名称与竞争对手造成混淆，且他们使用在先，你就不能用这个名称。

商标中的名称可以是描述性的、暗示性的、任意性的或稀奇的——像"宝贝第一"（BabyOne）、"恶作剧的"（Mischievous）、"橡子"（Acorn）和"波波"（Booboo）。

如果不能注册网络地址，你也想消除可能的名称。这就变得越来越困难。再一次，稀有名称的一个优点是，当你发明单词时，你有一个更好的机会得以统一资源定位地址（URL）。

你也可能调研很难评估的名称。当第一次听到任何新的名称时，很多人并不喜欢它。把名称用到句子中去。在名片或符号模型上使用它。让它存在一段时间（和它一起生活一段时间）。

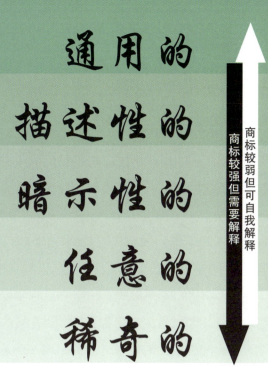

通用的　　纯粹的通用术语不能作为商标，也不应用于组织或公司名称中。

描述性的　　像美国钢（U.S. Steel）这类描述性名称是纯描述性的——接近通用。

暗示性的　　名称暗示一个理念，如"快公司"（Fast Company），比描述性名称更有差异性。增加了一层概念和个性。

任意的　　任意性名称，如苹果，制造了很强大的商标，但你必须教人们将该名称与接近含义完全不同的东西联系起来。此外，相同名称可以作为不同类别商品和服务的商标，如苹果唱片公司（Apple Records）。

稀奇的　　稀奇的名称是发明的，如柯达。这使得它们成为最强的商标。你发明它，使用它，将它作为商标。其他人不能使用它。

（图中竖排文字：商标较强但可自我解释　商标较弱但需要解释）

　　名称的理念越强，看起来就越容易。记得诺华（Novartis）刚诞生时，我并不喜欢它。但随着时间流逝它成为最受人喜欢的一个，部分是因为它来自于"生命科学的新艺术"的理念。新星（Nova），新（Wew），阿提斯（Artis），艺术（Arts）。另一个有大背景故事的暗示性名称是英威达——构建于"创新"和"远景"合并的理念。

　　命名和商标法是专业化的职业。你的工作是把这一工作集中到你界定的品牌理念中。坚持得到这一权利。

标志

　　标志是标识的点睛之笔。内容、颜色、图像、排版、形式和其他要素往往对无意识地识别一个品牌具有更深远的影响——但人们想到和记住的是标志。

　　对我们的目的而言，标志是区分不同来源的商品或服务的任何名称、符号或图形的组合（来自美国商标法的定义）。

　　术语通常用于标志（或标志类型）变化的不同形式。一般来说，**字标**纯属排版，但也可能将图形要素完全融入这个名称。**签名**是有附随符号的简单字标。一些品牌使用没有附随字标的可识别的**符号**。耐克（Nike）是个典型例子，但星巴克（Starbucks）也在其符号与名称结合 40 年后，开始将"赛壬"（Siren）符号作为独立的标志。

　　新的或更新的标志的发展应与前一章讨论的体验建模同时完成。体验发展了，现有标志开始看起来可能过时或不合适。它们需要相辅相成。

Pulpbranding.com 致力于在线
医生标识的两个主题，是一个
默默无闻的设计英雄，避免该
标识变得过时或者陈词滥调。

标识 | **工作计划**

标识工作计划

谁先出现，体验还是标识？

1. 评价

　　创建或重塑品牌标识是一项重要的事业。组织从品牌界定到标识发展经常跳跃得很快。

　　如果你已按照这本书所述的过程，对关键受众的优化品牌体验建模，将会拥有一个明显的优势。不是用纯粹的抽象术语来评估品牌标识要素——像名称、标志、外观和感觉，你有个真实世界的框架来评估你的理念。

　　这一步的目的是考虑战略符合标识，以及它在市场上如何看、感觉、发声和行为。把它作为未来的模拟。

　　这个方法进入了"先有鸡还是先有蛋"的困境。你将在没有品牌标识最终形式和功能的情况下为体验构建初模。最终标识出现后，它将影响体验。

　　例如，你可能决定改变组织的名称以更好地反映其特征。一个更令人回味的名称负担着传达特征的内容或图像。或者，一个新的标志可以使用独特的形式或颜色在客户旅程过程中被不断呼应和扩大。不只是在体验建模和标识发展之间来回工作，让精炼体验与标识的周期继续，直到它们处于完美的和谐状态。像这本书的许多步骤一样，向前移动，然后向后，再向前，是获得正确解决方案的自然而有价值的一部分。

　　标识发展的工作计划很简单。首先评价核心标识要素。探索它们如何改进，或在适当的情况下重塑。重塑体验，直到合适。然后测试、精炼和编纂最后的标识解决方案。

标　识

工作计划

1. 评价

2. 重塑

3. 测验

4. 编纂

标识　**工作计划**

标识策略

外观和感觉

品牌名称

标识

　　许多组织伴随改变或不改变什么的强烈意识走进提炼品牌的过程。

　　偏见不一定是坏事。一般情况下，对保留过去的标识有偏见，不要扔掉一个可识别的标识，除非它不能再给你充足的竞争优势。

　　在某些情况下，一个标识有污点就不能生存。最近的一个例子是通用汽车金融服务公司（General Motors Acceptance Corporation，GMAC）。全球金融危机使得它的名称成为负担，所以它和盟友决定替换它，并试着有个新的开始。

　　然而，总的来说，你的核心标识团队不应接受任何偏见。泰科品牌被领导丑闻玷污，但它选择修复领导问题，清除保障，重新启动品牌。你的责任是权衡核心标识要素的含义和价值以找到有效和高效的解决方案。

　　你评价的到底是什么？

第一，标识策略。这与品牌策略不同。品牌策略是含义的基准。标识策略是使品牌策略在市场上存活的一个连贯的方法和计划。

第二，外观和感觉。这是品牌书面的声音、颜色、字体、风格、发音、图像、气味和结构；赋予其形状和物质的任何事物。

第三，品牌名称。命名以从字面上识别它。

第四，标识。通常是名称与符号的组合，标识是品牌含义最基本的容器。

标　识

工作计划

1. 评价

2. 重塑

3. 测验

4. 编纂

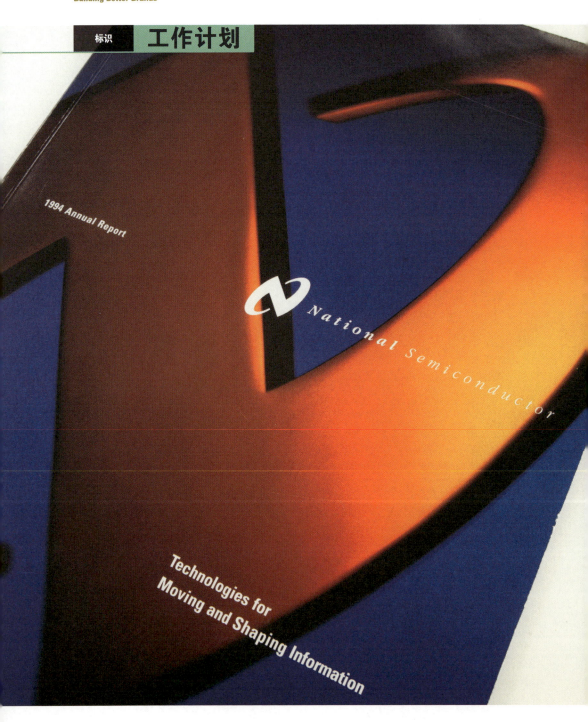

1994 Annual Report

National Semiconductor

Technologies for
Moving and Shaping Information

2. 重塑

利用标识评价作为基础，返回重塑品牌体验。吸收名称、标志、颜色、语言、图像和其他要素的潜在变化。

开始扩大和丰富品牌建模。你现在做的工作必须建立在之前已做工作的基础上。考虑涉及更多的人，包括外部创新性资源，例如广告公司、公共关系公司和网络机构。确保你创造的标识在长期工作中有深度，这是个机会。

你可以开始让功能团参与，像法律人士、基础建设人员、投资者、人力资源和其他人。新兴的品牌标识和体验可以理解吗？相关吗？令人信服吗？

标　识

工作计划

1. 评价

2. 重塑

3. 测验

4. 编纂

"如果我想要真正的高性能，我甚至不会打开它们的目录。"

"我不知道！"

3. 测验

重塑过程为组织提供了一个理想的研究刺激，以测验品牌体验和标识的清晰度、可靠性、独特性和潜在效果。

让关键受众对现实的材料和信息做出反应，你会得到真正的反应。对名称、符号及其他要素进行零碎研究一直有用，但这种刺激需要确保整体而不仅是碎片以完成你的目标。

测验不应局限于客户、投资者、捐助者和其他外部观众，也应包括员工和合作伙伴。如果你自己的人和渠道不理解变化或不受启发，别人为什么会在乎？

不过，最好是从外部测验开始，然后在内部分享结果。绝大多数业内人士不会完全接受改变，除非他们确信这对外部来说是一种成功。

从定性研究开始感受你的受众可能会怎样反应——或许是讨论组。学习和完善。然后考虑定量研究来证明你会积极地影响市场。

记录讨论小组。没有什么比从一个有价值的客户嘴里听到积极的反馈对雄心勃勃的改变更能激发兴奋和建立支持了。

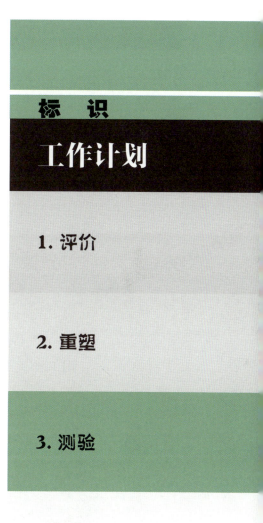

标　识

工作计划

1. 评价

2. 重塑

3. 测验

4. 编纂

提出新品牌和标识策略后，这个团队从对美国国家半导体公司不知情出发，开始真正地、惊讶地对它的产品非常感兴趣……

标识　**工作计划**

总部列出组织面对的问题和
担忧。这种诚实行为有助于
成功地定位新品牌引入标识。

Imaging National

"Change is scary,"

pausing to pick up the new Worldmark™ on his desk.

Gil Amelio said,

"I don't mean the kind of change you dictate in a memo," he said, looking up from the buffed metal sculpture in his hand. "I'm talking about change that begins on the inside of a person or a company. It builds slowly, until its energy breaks through, transforming everything. That's a process we've been undergoing for more than two years."

National Semiconductor's president and CEO leaned back in his chair. "The fact is, we're a very different company from the one we were a decade ago, even a year or two ago. We've changed our business objectives, our positioning, and our style. And it's working."

The problem is, the industry, the stock market, and even some of National's biggest customers don't seem to know much about the company's transformation—and Ga...

4. 编纂

努力编纂归类品牌标识项目，并将其在整个组织中表达，通常关注标志、颜色、排版和其他技术规范。但这并不足以确保成功。

讲述品牌创建或演化的整个故事。花费足够的时间把旅程解释为目的地。尽管标识的标准、规则和条例是对前辈而言的，但理念和原则适合所有人。

有时，对特定用户制作较小的、有针对性的文件（线上线下）是最好的。它们使解释可理解的术语容易得多，使人们清楚地知道它们在保护和推进品牌及其标识中的角色。

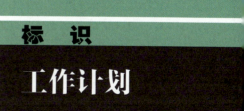

标 识

工作计划

1. 评价

2. 重塑

3. 测验

4. 编纂

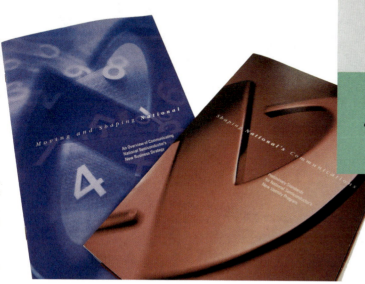

你不能独自做这件事

这本书的目的是让你了解一个重要品牌开发项目的发展之路——优质品牌之路。虽然旅程可能还有点模糊，但你现在有张地图可以提前思考并识别你需要帮助的领域。你不能单独做这件事，所以你需要决定把谁带入这个流程。

企业内部可能有些合适技能的人员。许多组织有从事研究商标知识的员工，另一些组织有一群有才华的设计师。但很少有组织在研究、商业策略、品牌定位、标识发展和商标保护所有方面都有必要的专业技能——以及在培训和实施方面的专业知识。

如何寻求外界的帮助？

最大的品牌咨询公司很容易找到。只要在谷歌上搜索"品牌公司前十名"。企业品牌推广领域被巨大的上市公司控制，像独立出版商（IPG）、传播集团（WPP）和奥姆尼康（Omnicom）。对于一个跨国公司的客户，寻找全球范围内的实施和持续的通信发展，较大的公司是个很好的选择。它们独特的优势在于"资产"和"供给"属性。

中小品牌咨询公司在本质上是不同的。它们往往是独立的私人公司。它们的优势（和定位）在流程、技能和使命属性上。

你通过口碑、设计管理机构和 AIGA 这类组织搜寻你欣赏品牌项目背后的公司来了解较小的公司。大多数小公司没有资源来大规模地推销自己的实力（一些公司通过写书为更多人所知）。

那么你如何选择呢？你将做出选择了。

我做了所有合理的努力以确保这本书内容的准确性，旨在能为读者提供指导。然而，本书中包含的建议和忠告并不意味着取代法律、商标和策略顾问。

领域。如果你想为一条新糖果线创建一个更好的品牌，请考虑（Fast Moving Consumer Goods，FMCG，快速消费品）专业领域的品牌公司。如果你想为制造糖果及更多的公司创建品牌，需要找到一长串具有前瞻性的企业品牌咨询公司名单。

定位。除非你需要一个拥有全球网络的公司，否则，规模不会成为最重要的选择驱动力。方法、技能或使命属性会是决定性因素。

大小公司都能由"方法"驱动。随着行业变得成熟，使用的方法变得相对类似——虽然标榜独特。真正的差异是将更多的重点放在流程的不同部分上。

一些公司相信严谨的研究，其他公司相信创造性的飞跃。有些公司是设计引导，其他公司是策略引导。其他公司会在策略思维和创造力之间争取谋求平衡。

特征。你现在知道，特征在最终选择中是最重要的因素。你需要知道你和谁一起工作。可以确定的唯一方式是会见你的项目团队成员——不是公司负责人，也不是销售项目的业务开发人员。

评估体验、驱动力和与你一起工作的团队的人才。让他们深入讨论其领导的项目。确保你喜欢并信任他们。

体验。与团队过去的客户谈论一路上发生了什么，而不仅是结果。这是了解你和他们一起工作真实情况的最好方式。再一次，你的团队成员给你提供参考，而不仅是公司参考。

1. 与预见性公司面对面会见。

2. 坚持与工作团队开会，而不只是超级销售人员。

3. 回顾一些案例研究，与团队深度讨论，而不只是"特性镜头"（beauty-shots）。

4. 要求并讨论参考。

5. 确保公司真正需要您的业务！

有些属性构成品牌咨询领域的一部分。哪些对你选择最重要？哪些只是摆设？

业务年限
良好记录
世界各地的场所
满意的客户（过去/现在）
与领先公司工作
优秀感言
获奖
完善的技术基础设施
上市公司
民营公司
所获证书
没有客户冲突
终身员工/领导
客户保留
裁员
伟大组合
供应商网络
经销商网络
低成本结构
世界级设施
构建持久品牌
保留优秀人才
被公认为领袖

连续的品牌发展
品牌研究
品牌审计
品牌策略
品牌表达
品牌标识
品牌体系
品牌推出
品牌实施
品牌交流
品牌社会化媒体
品牌营销
品牌管理
品牌估价
品牌……
高价值
便宜
附加费

资产
我们所拥有和控制的

供给
我们的产品和服务

良好的管理
像合作伙伴一样
能与高层领导合作
把客户放在首位
透明的商业实践
公平解决问题
文化敏感
高级人士做项目工作
成功的客户合作技能
切实的规划路线图
清晰的成本结构
成功监测指标
严格的质量控制
鼓励试验
不断变化
直截了当，简单
快速规模经营的能力
协作的
分担风险/回报
良好定义的团队结构
提供替代品
造型/原型
范围/成本没有惊喜
一流的内部控制
接触多种多样的人才
一直提供
创新是适应目标的定制方法
坦率的/公正的

行业专业知识
伟大的凭据
有经验的，顶层的人
跨学科
多元化
专业化
有名的员工
与领导保持良好关系
能够参与整个组织
能够统一组织
好的老师
伟大的领导
快速学习者
证明/认证/许可
罕见
独特的
在压力下的良好表现
注重细节
较强的解决问题的能力
文化、语言
卓越的洞察力和创造力
热衷于品牌
世界一流的设计者
世界一流的战略家
世界一流的研究者
世界一流的项目管理者
世界级的新媒体工作人员
世界级的……

"环保"
社会议程……
三重底线……

方法
我们如何
做事情

技能
我们应用的
技能

使命
驱动我们的
理想

尽管小公司一直作为发展地方企业和小规模的企业标识和品牌项目（或较大项目的要素）的主体，也只是在近十年，戴维（David）能和歌利亚（Goliath）竞争。

今天，选择品牌咨询的最重要因素是体验、思维和创造性人才的质量——而不是规模。方法和技能是选择的关键因素（驱动力）。

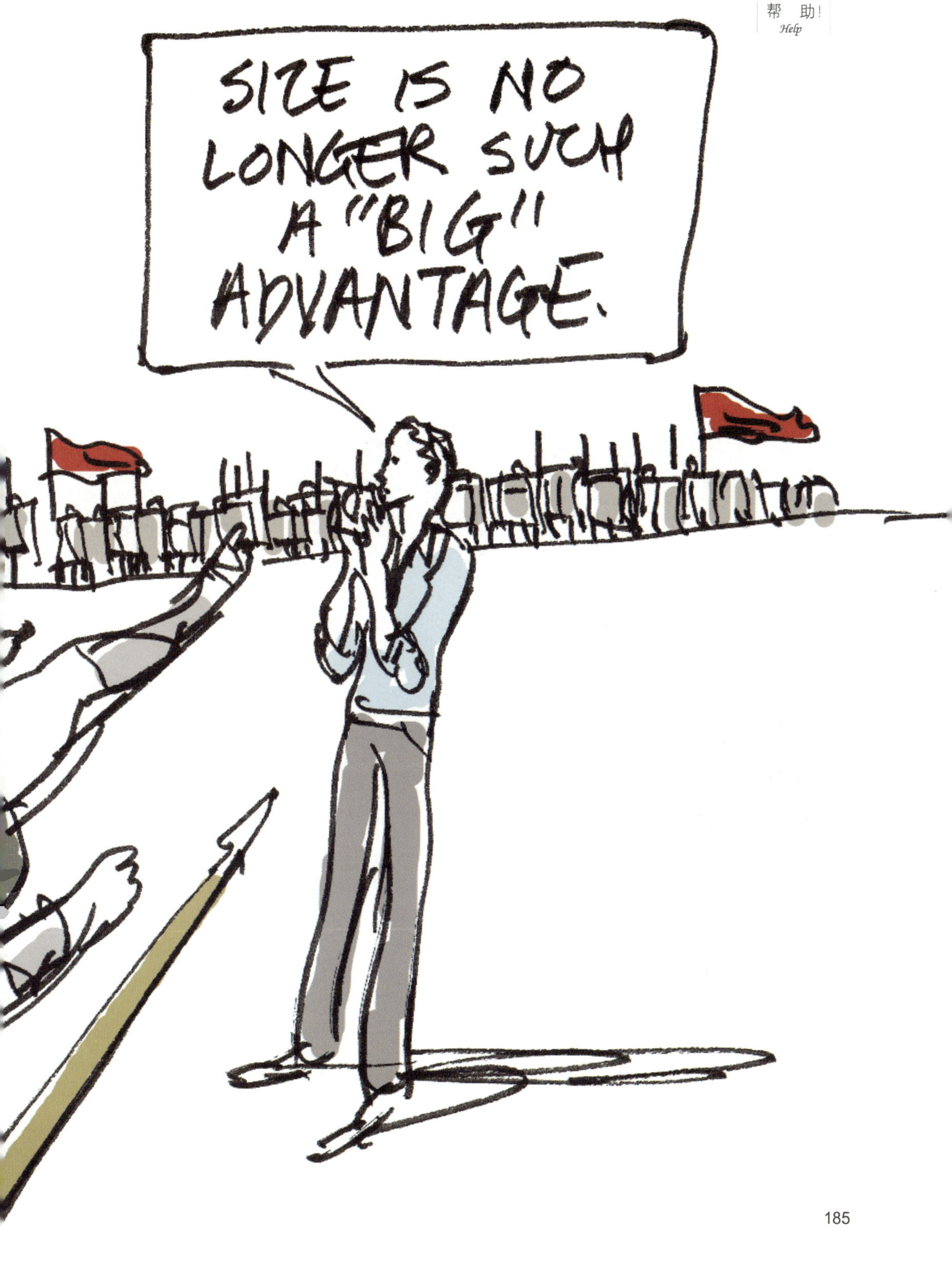
SIZE IS NO LONGER SUCH A "BIG" ADVANTAGE.

后 记

黛比·米尔曼（Debbie Millman）

当代文化现在几乎完全由品牌组成。我们吃的、穿的、分享的和出售的一切——甚至像水和盐这类我们最基本的商品——都是品牌。经历是品牌。人是品牌。我们的行为榜样是人，所以我们的楷模是品牌。品牌在个人、社会、性别、政治、经济、审美、心理和伦理等各个方面如此有说服力，以至于它们影响我们现实生活的各个方面。如果没有对"品牌"含义的理解，任何文化知识都是很难理解的。我们已进入了品牌是人类情感和行为的延伸的时代。

结果，品牌的金融、功能和情感重要性以及作为营销工具的使用突出了严格的学术和商业调查的需要。"品牌"作为指导创新工具的影响和改变比我们历史上其他任何时候都更明显，没有证据表明这会很快消失。品牌现在与社会、文化、环境及商业互动和沟通的方式密不可分。

斯科特·勒曼才华横溢的新书为品牌怎样、为什么及何时必要和如何通过充满活力、真实和引人入胜的方式创建或重塑品牌提供了强大的支撑。这是每一个人的必读书目，尤其对于那些认为品牌比以往任何时候都更重要的原因感兴趣的人。

更　多

　　有如此多的东西需要谈论、学习和分享——但我郑重宣布要保持这个指南的核心内容以 100 倍的速度传播。我希望这些关于如何开发实质性品牌的内容给你一种可操作的感觉。我知道一直有悬而未决的问题，所以当你困惑或思考得更深入时，这里有一些思想之源可供你汲取。

www.aiga.org

www.branding.sva.edu

www.designobserver.com

www.dmi.org

www.identityworks.com/forum

www.ikonographic.com

www.lucidbrands.com

www.pulpbranding.com

www.ted.com

www.underconsideration.com

致谢！

我想感谢一路上给我帮助的许多人和组织中的一部分：

感谢卡罗尔、卡门楚和范在"品牌冠军"部分分享他们的想法。

感谢威尔·艾尔斯贡献了如此多伟大的插图以说明本书的思想。

感谢胡安·卡洛斯－费尔南德兹·埃斯皮诺萨和珍妮·特汉娜提供了有价值的观点。

感谢这本书提到的很多公司——在这里展示不是为了任何类型的宣传，它们的商标仅作为教育目的展示，保留它们无可争议的财产。

感谢苏珊·凯瑟——我在罗塞德品牌（Lucid Brands）的合伙人——坚定的支持和深刻的思考。

黛比·米尔曼，共享虚拟区品牌项目的创始人之一，诚恳地邀请我成为教育下一代的"品牌大师"之一。

感谢希玛耶夫 & 盖斯马（Chermayeff & Geismar）、西格尔＋盖尔（Siegel +Gale）和扬特品牌识别咨询（Enterprise IG）等公司，在那里我从导师和同事身上学到了业务、品牌工艺和标识，包括汤姆·盖斯马、什泰夫·盖斯布勒、阿伦·西格尔、唐·欧文、安妮·比德内尔、罗恩·曼斯基、肯·库克、罗尔夫·沃尔夫斯贝格、罗伯特·萨波里托和其他许多许多人。

客户教给我的比我教给他们的多——太多了以至于在这里无法一一列出！

斯科特·勒曼简介

斯科特·勒曼通过帮助公司度过品牌创建、过渡和扩展的艰难时刻，建立了自己的职业生涯。作为近 30 年的领导者和执行者，他在整合品牌咨询、研究、企业形象、命名、设计和实现方面有宽广而精深的专业知识。

2005 年，斯科特创办了罗塞德品牌公司，该公司是一家致力于世界级品牌发展的品牌顾问公司。在成立罗塞德品牌公司之前，斯科特领导了两个领先的品牌顾问公司。在西格尔+盖尔公司 17 年的职业生涯中，他担任了一系列高级职位，包括总裁。2001 年，他被任命为美洲 IG 公司（现品牌联盟）的总裁兼首席执行官。作为谦逊的艺术家，他在希玛耶夫 & 盖斯马这一传奇公司从事企业标识方面的业务，开始他的职业生涯。

多年来，斯科特领导了以下品牌定义：3M、美国运通、拜耳、卡特彼勒、杜邦、恩格尔哈德、第一数据、大品牌、哈雷-戴维森、英威达、杰西潘尼、柯达、LYcos、大都会运输局（MTA）、美国国家半导体、欧文斯-伊利诺斯、PNC 银行、读者文摘、斯威夫特、韬睿咨询公司、美国铸币厂、威驰、华盛顿中心、施乐、乌拉、扎卡里以及世界各地的其他很多组织。他现在正在寻找企业名称以 "Q" 开头的客户。

斯科特是视觉艺术学院品牌计划专业硕士学位的创始人。他在《设计管理评审》《华尔街日报》《纽约时报》《标识》《改革》及其他出版物上探讨了塑造企业和品牌的问题。他是设计管理研究所的顾问委员会委员，供职于 AIGA（美国书画刻印艺术学会）品牌分会的董事会。斯科特曾在哥伦比亚大学、雷鸟全球管理学院、摩根大通银行、苹果、美国医药协会和其他许多优秀公司演讲。

想了解更多，请访问 www.lucidbrands.com。

权限/许可

3M 和 Post-IT® 是 3M 公司旗下的注册商标，经许可使用。

美国红十字会标志是美国红十字会的注册商标。

拜耳宣传词，拜耳公司 © 1998。

《品牌圣经》（Brand Bible），图书封面，© 黛比·米尔曼 2012。

《品牌手册》（Brand Handbook），图书封面，藏红花品牌顾问有限公司 © 2008。

亮点电影关键帧的"连环画"，亮点的标识和视觉系统是由品牌出租汽车有限责任公司和亮点公司开发的 © 2012。

卡特彼勒商标和执业文章®，卡特彼勒公司。

康泰纳零售连锁店标志和图表中的康泰纳零售连锁店，2013 © 康泰纳零售连锁店

杜邦椭圆形标志是杜邦® 或其附属公司的商标。

联邦快递的网站图像经许可使用。联邦快递® 是联邦快递公司的注册商标。

吉的采访和肖像经由卡罗尔·吉的许可。

家得宝，家得宝® 标志是 Homer TLC 公司的注册商标。

Iknonica 图书封面，珍妮特·汉娜 © 2008。

英威达记号和对应的标志经英威达™的许可使用。

雷格斯包装图像经汉佰公司的许可使用。雷格斯® 标志是汉佰公司的注册商标。

门迪奥拉-费尔南德兹的采访和肖像经卡门楚·门迪奥拉-费尔南德兹许可使用。

大都会运输局（MTA）的标志和相关图像经 MTA 许可使用。所有图像（MTA 地图档案；MTA 火车意象档案标志图像；MTA 地铁图像；MTA 公共汽车意象档案标志图像；MTA 桥梁与隧道意象档案标志图像；MTA 地铁站设有的纽约市运输局档案标志图像）© 大都会运输局。经许可使用。商标素材（MTA 标志；MTA 蓝色捷运卡；MTA 地铁令牌；纽约捷运局徽标）® 大都市运输局。经许可使用。本书中关于 MTA 的所有编辑素材属于作者而不是 MTA。

麦肯锡公司的标志和图表中麦肯锡公司的标志，© 麦肯锡公司。

花生先生™图像经卡夫食品品牌有限公司许可使用。

国家半导体标志和照片版权属于得克萨斯仪器公司 © 2013。

《一对一的未来》（*One to One Future*）图书封面，邓·皮泊斯和玛莎·容格斯，博士 © 1993。

OXO 土豆削皮器照片经 OXO 许可使用。OXO® 和 GoodGrips® 是特洛伊的海伦公司的注册商标。

佩里的采访和肖像经范·佩里许可使用。

TUI 海事通信审核材料经 TUI 海事许可使用。

华盛顿中心标志和图像经华盛顿中心实习和学术研讨会许可使用 © 2013。华盛顿中心（华盛顿中心出版物使用杰夫·牛顿照片的描述），杰夫·牛顿研究有限公司 © 2013。

本书的其他插图都由威尔·艾尔斯（Will Ayres）创作。威尔·艾尔斯 © 2013。

索引